A biografia de
LIONEL MESSI

Leonardo Faccio

A biografia de
LIONEL MESSI

generale

Presidente
Henrique José Branco Brazão Farinha

Publisher
Eduardo Viegas Meirelles Villela

Editora
Cláudia Elissa Rondelli Ramos

Projeto Gráfico e Editoração
S4 Editorial

Tradução
Angélica Karim Garcia Simão

Preparação de Texto
Heraldo Vaz

Revisão
Thiago Fraga

Impressão
Prol Gráfica

Copyright © Leonardo Faccio, 2011

Copyright © 2013 *by* Editora Évora Ltda.

Todos os direitos reservados. Nenhuma parte pode ser reproduzida ou transmitida em nenhuma forma ou meio, eletrônico ou mecânico, incluindo fotocópia, gravação ou qualquer sistema de armazenagem e recuperação sem permissão por escrito da editora.

Rua Sergipe, 401 — Cj. 1.310 — Consolação
São Paulo — SP — CEP 01243-906
Telefone: (11) 3562-7814/3562-7815
Site: http://www.editoraevora.com.br
E-mail: contato@editoraevora.com.br

DADOS INTERNACIONAIS DE CATALOGAÇÃO NA PUBLICAÇÃO (CIP)

F126b

Faccio, Leonardo, 1971-
 [Messi. Português]
 A biografia de Lionel Messi/Leonardo Faccio ; [tradução:] Angélica Karim Garcia Simão. — São Paulo : Évora, 2013.
 160 p. ; 23 cm.

 Tradução de: *Messi : el chico que siempre llegaba tarde (y hoy es el primero)*

 ISBN 978-85-63993-46-5

 1. Messi, Lionel, 1987- . 2. Jogadores de futebol – Espanha – Barcelona – Biografia. 2. Jogadores de futebol - Argentina – Biografia. I. Sant'Anna, Cristina. II. Título.

CDD- 927.96334

Ao meu pai, Italo Faccio,
e à Mònica Porta Domínguez,
por abrirem todas as portas.

Agradecimentos

A Julio Villanueva Chang, amigo e editor severo de cada uma destas páginas.

A Toño Angulo Daneri, Diego Salazar, Jordi Carrión e Roberto Herrscher Rovira, por suas atenciosas leituras.

A Cécile Carrez, pelo auxílio na pesquisa e pela companhia cotidiana; a Álvaro Sialer, pelo cuidado na verificação dos dados; a Graciela Mangusi, pela assessoria jurídica e legal, e a Lizzy Cantú e a Rafaella Coia Radich, pelas horas dedicadas à releitura.

Este livro não teria sido possível sem a confiança de Miguel Aguilar, Claudio López de Lamadrid e de Gabi Wiener, cúmplice generosa.

Também agradeço a María Lynch, por seu apoio paciente; a Ramón Besa e a Ezequiel Fernández Moores, conselheiros constantes e oportunos; a Martín Caparrós, que respondeu aos meus e-mails com perguntas disfarçadas de respostas, e a Juan Villoro, por parar para conversar sobre futebol, mesmo sabendo que chegaria tarde a um jantar.

Aos amigos da imprensa esportiva que compartilharam suas agendas e seus arquivos: Ramiro Martín, Marcelo Sottile, Felip Vivanco, Cristina Cubero, Toni Frieros, David Bernabeu e Luca Caioli. Obrigado também a Carles Geli, Mauro Federico, Maximiliano Tomas, Felipe Trueba e Gabriela Calotti.

À minha irmã, Lorena Faccio, e a Norma e Óscar Corubolo, por chegarem no momento preciso com a história que eu estava procurando.

Obrigado à minha tia Marta Faccio, a Giula Luisetti, a Alfonso Gastiaburo e a Isabel Rozey e a Josep Maria Camps, por deixarem que suas casas sejam também as minhas.

Ao professor Martín Malharro, pelas questões de profundidade que lançou há muito tempo, e a Juan Pedro Chuet-Missé, pelos anos acumulados de apoio incondicional.

A todas as pessoas de Buenos Aires, Rosário e Barcelona que confiaram e aceitaram contar suas histórias.

A Lionel Messi e sua família, pelo tempo com o qual me presentearam nos anos mais vertiginosos de suas vidas.

Sumário

Primeira parte: 2009 1

Segunda parte: 2010 33

Terceira parte: 2011 101

Primeira parte

2009

I

Lionel Messi acaba de regressar de suas férias na Disney e surge arrastando os chinelos com a falta de *glamour* típica dos esportistas em momentos de lazer. Poderia ter continuado seus dias de descanso na Argentina ou em qualquer país do Caribe, mas preferiu voltar a Barcelona antes da hora: Messi quer treinar. As férias, às vezes, o aborrecem. Está sentado em uma cadeira colocada no campo de futebol vazio da Cidade do Esporte, nas dependências do FC Barcelona que funcionam em um vale longe da zona residencial, um luminoso laboratório de cimento e vidro onde os treinadores transformam jogadores de futebol talentosos em autênticas máquinas de precisão. Messi é um jogador que veio sem manual de instruções, a Cidade do Esporte é sua incubadora. Naquela tarde, aceitou dar entrevistas durante quinze minutos e está contente. Depois de uma turnê com o seu clube pelos Estados Unidos, esteve na Disney com seus pais, irmãos, tios, primos, sobrinhos e sua namorada. Mickey Mouse viu em Messi o personagem perfeito para promover seu mundo de ilusões, e sua família inteira pôde ver todos os jogos em troca de uma filmagem dele nos jardins que cercam esse império dos desenhos animados. No YouTube vemos Messi fazendo malabarismos com uma bola diante de toda essa arquitetura de fantasia.

— Foi espetacular — disse ele, com mais entusiasmo do que intenção publicitária. — Finalmente aconteceu.

— O que você mais gostou da Disney?

— Os brinquedos com água, os parques, as atrações. Tudo. Eu fui até lá principalmente por causa dos meus sobrinhos pequenos, meus priminhos e minha irmã, mas, quando era criança, sempre quis ir à Disney.

— Era um sonho seu?

— Sim, acho que sim, não é? Pelo menos para os garotos com menos de 15 anos, é. Mas se você tem um pouquinho a mais também, não é?

Na Cidade do Esporte, sentados sozinhos e cara a cara, Messi controla cada uma de suas palavras antes de saírem de sua boca. É como se a cada momento precisasse confirmar que estamos entendendo o que diz, como se pedisse autorização para falar. Quando era criança padecia de uma espécie de nanismo, um transtorno do hormônio responsável pelo crescimento. Desde então, sua pequena altura fez com que sempre pousássemos uma lupa sobre sua estatura futebolística. Visto de perto, Messi tem esse aspecto contraditório das crianças ginastas: as pernas com músculos a ponto de explodir debaixo de olhos tímidos, que não se negam a bisbilhotar. É um guerreiro com olhar infantil. Em alguns momentos, é inevitável pensar que viemos entrevistar o Super-homem, mas, no lugar dele, apareceu um desses personagens distraídos e frágeis da Disney.

— Qual é o seu personagem favorito da Disney?

— Nenhum em especial, porque, na verdade, quando eu era criança não assistia muito desenho animado — sorri — e, depois, eu vim embora jogar futebol aqui na Europa.

Quando fala *futebol* Messi guarda o sorriso do rosto e fica tão sério como quando vai chutar um pênalti. É esse olhar reservado que estamos acostumados a ver pela televisão. Messi não costuma sorrir enquanto joga. O negócio do futebol é muito sério: somente 25 países do mundo produzem um PIB maior do que o registrado pela indústria do futebol. É o mais popular de todos os esportes, e Messi, o principal protagonista desse show. Alguns meses depois de sua visita à Disney, atingiria o posto mais alto já alcançado por qualquer outro jogador de sua idade. Ganharia seis títulos consecutivos pelo Barcelona, seria eleito o artilheiro da Liga da Europa e o melhor jogador do mundo, além de se consagrar como o jogador mais jovem a marcar cem gols na história de seu clube, convertendo-se no craque mais bem pago do mundo, com um contrato anual de 10,5 milhões de euros, cerca de dez vezes mais do que ganhava Maradona quando jogava no Barça. No dia seguinte, Messi viajaria ao Principado de Mônaco para receber, com um terno italiano feito sob medida, o troféu de melhor jogador da Europa. Mas agora está com a franja repartida no meio, um sorriso maroto e a camisa fluorescente do Barça para fora do *short* de treino. Ele é um dos que mais impulsionam a roda da fortuna do futebol; no entanto, aqui parece um garoto desarrumado que veio olhar o show.

Após dominar a bola na Disney, Messi ainda tinha algumas semanas de férias e decidiu voltar ao lugar onde nasceu. Rosário, que fica ao norte de Buenos Aires, na província de Santa Fé, é a terceira maior cidade da Argentina e a terra de Che Guevara. O último gênio do futebol dividia suas horas participando de encontros com amigos de infância e ficando na casa de seus pais, no bairro Las Heras. Porém, uma semana antes do fim das férias, fez as malas e voltou para Barcelona, onde sempre é recebido por seu cachorro Facha, da raça boxer. Mora sozinho com esse animal de estimação e, em algumas temporadas, viaja acompanhado da mãe, do pai e da irmã. Os jornalistas se perguntaram por que uma grande estrela do futebol havia interrompido seus dias de descanso, sempre tão escassos. Messi disse que voltaria a treinar para ficar bem. Naquela época, jogava as eliminatórias da Copa da África do Sul na seleção argentina. Maradona era seu treinador e Messi sabia que poderia ser sua primeira Copa do Mundo como titular da camisa número 10. Queria voltar a Barcelona para continuar com o show e, ao mesmo tempo, porque sentia que, em sua cidade, estava ficando entediado.

— Adoro ir a Rosário porque tenho minha casa, meu povo, tudo... Mas fico cansado porque não faço nada — disse, levantando os ombros. — Ficava o dia inteiro à toa, e isso também é entediante.

—Você não vê televisão?

— Comecei a assistir a *Lost* e *Prision Break,* mas isso acabou me cansando.

— Por que você deixou de assistir?

— Porque sempre acontecia alguma coisa nova, uma história nova, e sempre tem alguém para contar para você.

Messi se entedia com *Lost*.

Messi é canhoto.

Porém, à primeira vista, parece que seu fetiche é sua perna direita: faz carinho nela com se tivesse que acalmá-la de vez em quando. Depois nos damos conta de que o objeto de seu carinho não é sua perna hiperativa, e sim um BlackBerry que está no seu bolso. Os jogadores de futebol excepcionais possuem alguns hábitos que os aproximam do resto dos mortais, e isso parece tornar sua genialidade mais normal. Diziam que Johan Cruyff fumava no vestiário minutos antes de entrar em campo. Maradona treinava com o cadarço do tênis desamarrado e falava que, se fosse permitido, jogaria desse jeito as partidas oficiais. Romário saía para dançar à noite e dizia que o samba o ajudou a ser o artilheiro da Liga. A maioria dos jogadores de sucesso compra coisas o tempo todo, mais para ostentar o lucro momentâneo do que para garantir seu futuro. Carros novos e luxuosos, roupas chamativas, relógios extravagantes. Enquanto Ronaldinho alugou uma casa em Castelldefels, cidade catalã a meia hora de distância de Barcelona, Messi comprou a sua a três ruas de distância: uma construção de dois andares localizada no topo de uma colina, com vista para o Mediterrâneo. A despeito da caricatura de estrela com relógio Rolex de ouro, óculos Gucci gigantes e uma modelo loira a tiracolo, o gênio que se entedia com os novos episódios das séries de televisão aprecia os perfumes da moda. Na sua família todos sabem que uma fragrância embrulhada para presente sempre lhe arranca um sorriso.

— E como é um dia normal para você, depois de treinar? — pergunto.

— Eu gosto de tirar um cochilo depois do almoço. À noite, não sei... Vou jantar na casa do meu irmão.

Para dar essa entrevista, Lionel Messi havia se privado de um ritual que mantém desde criança. Todos os dias, depois do treino no clube, almoça e vai dormir. Duas ou três horas depois, acorda. O treinador do campeão olímpico de natação Michael Phelps declarou uma vez que o atleta dormia pelo menos três horas por dia, depois do almoço, para se recuperar dos treinos. Messi, em geral, não interrompe sua rotina. Dormir é para ele uma cerimônia cuja utilidade foi mudando com o tempo. Quando era criança, o descanso do sono, além da medicação, ajudava na regeneração de suas células. Messi dormia para poder crescer. Agora diz que tem outras razões para dormir à tarde. Sempre o faz do mesmo modo. Em vez de usar a larga cama que tem em seu quarto, deita-se com a roupa que está no sofá da sala. Não se importa de ficar dormindo ali enquanto alguém lava a louça na cozinha ou uma porta faça barulho ao se fechar. Hoje Messi não precisa mais crescer. Igual ao nadador Phelps e a outros jogadores de futebol, dorme à tarde para recuperar as forças, mas, sobretudo, porque não se interessa por fazer mais nada depois que se separa da bola. A lista de coisas que ele poderia comprar acaba se tornando cansativa cedo ou tarde. Tirar férias é uma forma de comprar distração, mas isso também o entedia. O sono parece ser um antídoto. Ninguém se chateia quando dorme.

Há uma coisa misteriosa nos gênios, e é natural que queiramos desvendar isso. Os fãs fazem o impossível para tocar os seus ídolos. É uma forma de comprovar que são reais. Os jornalistas, ao contrário, fazem perguntas para saber se seu mundo particular é parecido com o dos mortais.

— É verdade que você é viciado em *video game*? — perguntou-lhe um repórter do jornal *El Periódico de Cataluña*.

— Antes era viciado. Agora jogo muito pouco.

— Você assiste aos jogos de futebol pela televisão? — quis saber um jornalista do *El País*.

— Não, não assisto. Não sou de assistir.

Antes dessa tarde que passei sozinho com Messi, centenas de jornalistas quiseram entrevistá-lo.

Um deles arriscou a própria vida tentando.

Messi parecia não perceber. Em uma noite, terminada a partida da Copa do Rei, um homem jurado de morte esperava pelo jogador nos túneis que conduzem aos vestiários do estádio do FC Barcelona. Era o escritor Roberto Saviano. Havia procurado Messi para conhecê-lo pessoalmente, mesmo sabendo que poderia ser morto ali. Desde que fez revelações sobre a máfia de Nápoles em seu livro *Gomorra,* Saviano vive sem paradeiro conhecido e sob a custódia de mais de dez guarda-costas que o acompanham onde quer que ele vá, 24 horas por dia. Naquela noite, colocaram-no em uma poltrona onde não pudesse ser visto por um franco-atirador. Queria conhecer Messi pessoalmente, cumprimentá-lo, pedir um autógrafo, fazer perguntas. Queria encontrá-lo sozinho, mas os guarda-costas negaram-se a desgrudar dele, repetindo que cumpriam ordens. Eles também morriam de vontade de ver o jogador que sonhava conhecer a Disney.

Algumas pessoas esperam nove meses para conseguir entrevistá-lo durante quinze minutos.

Messi conversou com Saviano, que havia arriscado a própria vida para ir agradecê-lo, e disse que em Nápoles se sentiria em casa.

Trocou com ele cerca de vinte palavras.

Nada mais.

Ali, na Cidade do Esporte, depois de me falar de suas férias na Disney, Messi arqueia as sobrancelhas como faz um ator de cinema mudo que espera por mais perguntas. É como um mímico sorridente, alguém que muda de expressão o tempo todo. A eletricidade do seu corpo nos campos de futebol faz com que seja comparado a um bonequinho do PlayStation. Messi exige metáforas menos eletrônicas e mais surrealistas. O garoto que diverte milhões de pessoas não acha nada mais interessante para fazer na parte da tarde do que deitar e dormir.

2

Leo Messi não costuma falar com estranhos sobre outros assuntos que não seja futebol. Uma das exceções é quando pede comida em domicílio. Certo dia em que fui até sua casa, o açougueiro de Messi estacionou o caminhão de entrega na frente da casa do seu cliente mais famoso e, com o gesto de um guia turístico, me indicou que, sobre o muro da fachada, há algumas câmeras de vigilância. São três horas da tarde, período em que provavelmente o Pulga — como também é conhecido — ainda esteja dormindo. Ninguém sobe a ladeira cheia de curvas de Castelldefels para chegar aqui e contemplar o Mediterrâneo. Mas quando Messi resolve fazer um churrasco argentino, liga para o açougueiro, que vai até lá para entregar o pedido de bifes, *achuras* e *chorizos*.[1] O açougueiro, um argentino conhecido por seus amigos como El Gallego, ofereceu-se para ser meu guia. O La Pampa, restaurante onde trabalha,

---

1 O churrasco argentino, *asado*, consiste em se fazer na brasa, e em uma grelha, vários tipos de carnes como bifes, *achuras* (miúdos como fígado, rins e intestinos) e *chorizos* (linguiças), temperados com sal fino. (N.T.)

serve churrasco feito na brasa e vende carne de vaca argentina em domicílio. A casa de Messi fica no topo de uma colina, no final de uma rua estreita e rodeada por um bosque de pinheiros. Ali não há transporte público. É o lugar ideal para ficar em silêncio.

Falar com Messi é um privilégio de pessoas como o treinador, seu pai e o açougueiro, embora, algumas vezes, nem o treinador consiga. Maradona, que foi seu técnico na seleção argentina, disse que fazer Messi atender o telefone era mais difícil do que entrevistar Deus. Brincar de detetive faz com que os informantes se dividam entre aqueles que se gabam por conhecer pessoalmente o famoso craque e os que se lembram de tê-lo conhecido antes de a fama o separar do seu mundo.

Mónica Dómina foi a professora de Messi do primeiro ao quarto ano no colégio de Las Heras. Uma noite conversamos por telefone sobre os anos em que o Pulga sentava na primeira carteira da sala.

— A senhora ensinou Messi a ler e escrever?

— Sim, mas ele não gostava muito da escola. Estudava por obrigação.

A voz de Dómina tem o tom maternal de uma professora e a solenidade de quem está lendo um testamento.

— Ele era muito tímido, tive muita dificuldade para me comunicar com ele — diz.

— E como a senhora fazia para incentivá-lo a falar?

— Ele tinha uma amiga, que sentava atrás dele, e me transmitia tudo o que ele queria dizer.

— Era como uma intérprete?

— Sim. Ela até comprava seu lanche. Agia como uma mãe com seu bebê, e ele deixava que ela o guiasse em tudo.

Na idade em que todas as crianças fazem perguntas, Leo Messi comunicava-se com sua professora por meio de uma ventríloqua de 6 anos. Hoje, como costuma acontecer com os verdadeiros gênios, não é possível ver nele seus professores. "Dá a impressão de que Messi ainda não trata a si mesmo por *você*", diz Jorge Valdano, ex-futebolista e treinador argentino, que iniciou sua carreira no Newwell's Old Boys. "É impossível alcançar tal nível de celebridade sem se confundir, a não ser que a pessoa seja superdotada ou autista." Messi é acusado de viver dentro de uma bolha.

— Precisava de um psicopedagogo?

— Eu aconselhei a mãe dele a levá-lo a uma psicóloga — insiste a professora. — Tinha de abandonar a timidez e reforçar a autoestima. Era muito baixa.

O açougueiro de Messi tem a autoestima muito elevada. No restaurante onde trabalha, fizeram do nome do seu cliente-estrela parte da estratégia de marketing. O *maître* oferece aos fanáticos uma visita guiada, percorrendo um cenário rústico: fotos de cavalos penduradas nas paredes, garçons vestidos de gaúchos e o cartaz de uma vaca na entrada. O La Pampa é um restaurante de rodovia, com carta de vinhos, a cinco minutos de carro da casa de Messi. Aos domingos, ao meio-dia, sempre aparece alguém perguntando se é ali o lugar em que o ídolo vai comer seu prato preferido.

— É verdade que o que ele mais pede é *milanesa a la napolitana*?[2]

— Pelo menos aqui, não — explica o *maître*. — Messi sempre come a mesma coisa: cortes de costela assada.

Esse seria seu dilema fora do campo: escolher entre costela assada e *milanesa a la napolitana*.

Um psicanalista teria sérias dificuldades tentando arrancar sua intimidade em um divã. Messi prefere usar os sofás para dormir à tarde.

— E, afinal, Messi foi à psicóloga? — pergunto para a professora.

---

[2] *Milanesa a la napolitana* é um prato típico da culinária argentina que consiste em um bife empanado levado ao forno e coberto como uma pizza, com molho de tomate e queijo mozarela. Não se chama assim em função da cidade de Nápoles, na Itália, e sim por ter sido comercializada na pizzaria *Napoli*, em Buenos Aires, na década de 1930 do século XX. (N.T.)

— Eu não me lembro — lamenta. — O que me lembro, porém, é que sua mãe sempre trazia para a sala de aula os troféus que ele ganhava jogando futebol, e ele morria de vergonha.

— A senhora teve outros alunos tímidos assim?

— Não. Ele era diferente. Todos queriam jogar com Messi.

Dómina responde rápido. Ela quer me dizer mais coisas.

— Era um líder que exercia seu poder em silêncio — diz como se estivesse segurando o telefone. — Com ações, e não com palavras. Vejo que agora ele continua igual.

— Que imagem a senhora guarda dele?

— Eu o vejo pequenino e agitado, com aquele sorriso de quem estava escondendo alguma coisa, e sabíamos que alguma coisa ele iria fazer.

— A senhora voltou a vê-lo depois que deixou de ser seu aluno?

— Nunca.

A professora fica calada.

Mas Messi continua ajudando de algum modo a escola: fez doações de carteiras, materiais escolares, computadores.

Em sua casa na colina, o Pulga observa o mundo das janelas que dão para o Mediterrâneo. É uma paisagem imóvel que condena as câmeras de vigilância ao tédio. Ficam ali para o caso de acontecer alguma coisa, mas a maior parte do tempo não acontece nada. O açougueiro, se souber de algum segredo, não me contará. Vai jogar alguns ossos de borracha, como os que jogamos aos cachorros para que sejam devolvidos aos seus donos. Antes de subir no caminhão de entrega para chegar até aqui, o *maître* me deteve na mesa número 12 do restaurante para me contar uma coisa. Certa noite Messi chegou com uma garota em seu Audi Q7, o carro que o clube dá para todos os seus jogadores. Pediram costela assada e linguiça. De sobremesa, sorvete de doce de leite. O jantar foi à luz de velas. Messi apresentou a garota como sua namorada.

3

Leo Messi começa a se cansar com a quantidade de perguntas sobre suas férias. Passa a mão na perna, onde está seu celular, e seu olhar navega por trás das árvores que circundam a Cidade do Esporte. Naquela tarde de 2009 seus olhos vão e vêm como se perseguissem uma bola em uma quadra de tênis. Então, cito uma notícia que saiu no jornal e, rapidamente, a manchete o traz de volta à realidade. Trata-se de sua namorada. Era um dia de carnaval em Sitges, uma cidadezinha ao sul de Barcelona com ares caribenhos, turistas gays em veraneio e um festival de cinema fantástico. O sol imitava um dia de primavera. Na fotografia, Messi, que mora a poucos quilômetros dali, andava abraçado com uma garota que pouco ultrapassava a altura de seus ombros. A foto anunciava um nome: Antonella Roccuzzo. Uma miniatura com sobrenome estonteante.

— E sobre sua namorada? — pergunto-lhe. — É verdade?

— Sim, nos conhecemos desde quando éramos pequenos — diz como se desembrulhasse o papel de uma bala. — Ela é prima do meu melhor amigo.

Messi tem amigos.

O melhor é Lucas Scaglia.

"A prima do meu melhor amigo" — parece o nome de um filme italiano.

Um filme B.

Um dia Scaglia me explica o fato por telefone.

Nas divisões inferiores do clube argentino Newell's Old Boys, de Rosário, os meninos eram camicazes que jogavam para Messi. Scaglia era o camicaze número 5. Messi era um grande artilheiro tímido. Quando ambos se conheceram, estavam começando a escola primária. Às vezes, o Pulga dormia na casa de Scaglia.

Messi acaba com o melodrama.

— E você via a prima dele em sua casa? — pergunto-lhe na Cidade do Esporte.

Ele se inclina como se fosse me contar como fazer mais pontos no PlayStation, mas, na verdade, me diz:

— Nós brincávamos desde pequenos e acabou se transformando em uma relação.

Os Messi têm origem em Recanati, a cidade do poeta Leopardi.[3] Na paisagem da sua infância, dentro da grande comunidade de imigrantes em Rosário, os descendentes italianos são os mais numerosos. A mãe do Pulga é Celia Cuccittini. Os primos são Biancucchi. Seu melhor amigo é Scaglia. A namorada é Roccuzzo. Os Scaglia e Rocuzzo são primos, cujos pais administram um supermercado e dividem uma casa de dois andares. Messi visitava Scaglia. A futura namorada vivia no primeiro andar.

— Mas ela te deu um fora alguma vez? — pergunto.

São mentirosas as fotos que mostram Messi congelado com o rosto desfigurado no momento de um chute mortal. Também são enganosas as câmeras que o enfocam quando domina a bola nos

---
[3] Gioacomo Leopardi (1789-1837), considerado maior poeta romântico italiano.

pés. Diante da virilidade futebolística que exige gritos de vencedor depois de marcar um gol, Leo Messi destacava-se, em 2009, como a única estrela do futebol capaz de provocar ternura com sua comemoração, quando, ao final de uma partida, leva a bola debaixo do braço com a cara de um menino que acaba de ganhar um bicho de pelúcia no tiro ao alvo. No campo, o garoto perde todas as inibições: chora, caminha com a camisa solta, mostra a língua, faz mil caras diferentes. Poderia ter feito cara feia para mim quando lhe fiz a pergunta sobre a possibilidade de levar o fora da sua garota, mas Messi me responde com um ar de cumplicidade. É a expressão de alguém que aceita jogar.

— Desde que nos conhecemos, gostamos um do outro.

O Pulga dá um sorriso travesso.

— Depois, fiquei um tempo sem ver tanto meu amigo como ela. E após uns anos voltei a vê-la e, bom, começou assim.

De repente, Messi gira a cabeça como se um dedo invisível tocasse suas costas. Só se passaram dez minutos de entrevista, e ele já procura a saída, como o mergulhador que conta os segundos para voltar à superfície.

A vida fora dali parece mover-se com mais lentidão.

A professora ocupa o mesmo cargo na escola.

A namorada estudava moda e deixou os estudos.

O melhor amigo joga no Panserraikos da Grécia.

O Pulga cresceu 37 centímetros em dez anos.

Na geladeira do seu melhor amigo, Messi guardava suas ampolas com hormônios para crescer. Quando não dormia em casa, levava-as consigo.

Lucas Scaglia viu Messi aplicar hormônios em si mesmo mais de uma vez.

Aplicava todas as noites.

Nas duas pernas.

Uma por uma.

Fazia isso sozinho.

Em silêncio.

Não chorava.

Lucas Scaglia viu Messi segurando sua injeção, mas o artilheiro nunca lhe contou que gostava da sua prima. Contaram para Scaglia por telefone, treze anos depois de conhecê-lo, quando jogava na Grécia.

Sua escassez de palavras não é destinada somente à imprensa.

— Messi só produz manchetes com os pés — diz Valdano.

Uma forma amável de destacar como virtude algo que a imprensa enxerga como ausência, um falha. O silêncio de Messi não é do tipo que guarda um pensamento: é o silêncio do jogador que nos torna felizes e que, felizmente, não tem nada a acrescentar.

— E o que vocês vão fazer? — pergunto a Messi. — Vão se casar?

Uma brisa move o ar espesso do verão na Cidade do Esporte em Barcelona.

— Estamos bem, assim — responde ele sem pensar.

E rapidamente se explica:

— Ainda não estou pensando nisso. Hoje não me sinto preparado, nem quero. Acho que há outras coisas para fazer antes de me casar.

Pela primeira vez, Messi fala em voz alta sobre o futuro. Suas palavras fluem como se deslizassem com cuidado por um tobogã. É o tom entre tímido e prudente, que utiliza diante das câmeras de televisão, quando comenta o campeonato que se propõe a ganhar, mas, em vez de gols e estratégias de jogo, administra o assunto de sua namorada e um casamento incerto. Sua vida privada é um relato intrigante e bem conhecido para a imprensa esportiva. Mas a realidade interrompe sua história de amor quando, de repente, surge uma mão por trás da cabeça de Messi: com um, dois, três dedos no alto. É o chefe de imprensa do clube que me adverte que está acabando o tempo. Em três minutos, Messi voltará a perder-se por trás de uma parede dessa grande incubadora de cimento e vidro.

4

Toda vez que viaja para Barcelona, a mãe de Messi, Celia Cuccittini, tenta retomar os rituais de sua infância: à noite, traz para ele uma xícara de mate, senta-se em sua cama e acaricia seus cabelos antes de apagar a luz. As mães dos gênios costumam desaparecer dos radares da imprensa e de seus fanáticos. Procurar pela senhora que acaricia a cabeça de Messi é uma tarefa ingrata. Sempre se ouve a voz de uma secretária eletrônica que avisa que o telefone dela está desligado. Na televisão da Espanha, Celia Cuccittini aparece sorridente em um comercial de sobremesas que termina com a voz infantilizada de Messi, dizendo "obrigado, mamãe". A família e o clube criaram uma bolha que o protege, uma extensão do ventre materno que não seja invadido pelo mundo dos insensíveis homens do futebol. De Barcelona, temos que pressionar quinze números ao ligar para Rosário para falar com a sua mãe. A rotina de apertá-los é maçante. Uma noite, depois de dois meses tentando ligar para ela todos os dias, uma voz feminina surge do outro lado da linha.

Ela soa despreocupada, como se estivesse fazendo outra coisa enquanto me atende.

Pergunto se é a senhora Cuccittini.

— Não, a filha dela — me corrige.

— Estava procurando sua mãe.

— Minha mãe não está.

— Há outro telefone em que eu possa encontrá-la?

— Sim, mas não sei de cabeça.

María Sol Messi tem 16 anos. De repente, um silêncio, como se estivesse esperando que lhe dissessem quem está falando. Em sua casa no bairro Las Heras, me diz que está usando o telefone da mãe porque o dela quebrou. Sua imagem não é recorrente nas fotos que os *paparazzi* difundem da família Messi, embora, às vezes, María Sol apareça na imprensa por acaso. O dia em que seu irmão foi eleito pela primeira vez o melhor jogador do mundo, uma câmera de televisão a focalizou por alguns segundos na cerimônia: é magra, tem longos cabelos castanhos. Os traços angulosos de seu rosto lhe dão um toque de severidade parecido com o do irmão quando está sério. O mundo de sucessos futebolísticos envolveu sua vida desde criança. Quando Messi viajou a Barcelona para fazer testes no futebol profissional, ela estava no início da escola primária.

— No começo via meu irmão na televisão e não acreditava — me diz ela, desafinada. — É o Messi, mas continua sendo a mesma pessoa. Não mudou.

—Você assiste aos jogos de futebol?

— Sim, mas não assisto com minha mãe. Gosto mais de assistir com meu pai.

— Por quê?

— Ninguém quer ver os jogos com minha mãe. Quando Leo pega a bola, ela começa a gritar na frente da televisão, chora, fica muito nervosa. Meu pai é mais tranquilo.

María Sol Messi não espera mais perguntas para continuar retratando o irmão.

— Eu sou mais como o Leo — adverte. — Gosto de ficar em casa. Com uma televisão e um computador, sou feliz.

— Seu irmão — a lembro — me disse que gosta de dormir depois do almoço.

— Sim. Chega do treino, deita no sofá e fica ali a tarde toda. Não sei como consegue dormir tão rápido à noite. Ele é feliz assim.

— E a namorada dele? É tranquila como ele?

— Não, ela não gosta de ficar fechada. Quando Leo se deita para dormir, ela me puxa, e nós saímos por aí. Messi se cansa só de falar em passear.

A irmã de Messi parece estar sozinha em casa.

O pai, que também mora em Rosário, é o representante do filho. Pequeno e encorpado, Leo Messi será igual a ele dentro de vinte anos. Em 2009, quando o Barça ganhou a Copa Mundial de Clubes após vencer o Estudiantes de La Plata por 2 a 1, na capital dos Emirados Árabes, os espectadores confundiram Jorge Messi com seu filho durante as comemorações. Carregaram-no nos ombros. Durante a adolescência, o pai de Messi também jogou no Newell's. Teve que abandonar o futebol por causa do serviço militar, dos estudos e do casamento. Tornou-se empregado em uma siderúrgica, porém a paternidade lhe permitiu continuar no futebol por outros meios. Quando o Pulga começou a causar espanto no Barcelona, seus dois irmãos mais velhos já haviam jogado nas ligas inferiores. O negócio da grande promessa futebolística nunca pegou Jorge Messi desprevenido. Depois de ter dois filhos homens e jogadores de futebol, desejava somente que o terceiro fosse mulher.

Lionel Messi jogava futebol como uma pulga atômica e, como toda pulga, não crescia. O esforço para se converter em jogador profissional tinha o motor da ilusão esportiva, mas também a pressa de financiar seu tratamento médico. Quando completou 11 anos, Messi media pouco mais de um metro e trinta centímetros, a mesma altura de uma criança com 9 anos. Desde o momento em que o viu, o médico soube que o diagnóstico era "déficit de hormônio de crescimento", um transtorno que provocava um atraso em sua idade óssea. Tinha que receber uma dose diária de somatotropina sintética para combater esse problema. O tratamento à base de injeções, que custava cerca de mil dólares por mês, consumia mais da metade do que seu pai ganhava na época. Por isso, o futebol deixou de ser somente um jogo e passou a ser uma tábua de salvação.

María Sol Messi entrou na adolescência quando os remédios do irmão não eram mais um problema familiar. Agora, com a fama de seu sobrenome, fica no lugar invisível ocupado pelos irmãos mais novos, esses que veem tudo sem que ninguém os veja. A vida pública do irmão deve parecer para ela um espetáculo a ser desfrutado na frente de uma bacia cheia de pipocas.

— Uma vez, quando estávamos no *shopping* todos juntos, minha mãe, meu pai, meu tio e minha tia, o Leo ligou e disse: "estou indo para aí".

Quando Messi chegou, as pessoas o cercaram.

— Ele teve que sair acompanhado pelos policiais.

A falta de consciência com que Messi vive a fama provoca na irmã um sorriso cúmplice. Sua voz soa cristalina do outro lado do telefone. Não é por acaso que entre os seguidores de Messi haja mais crianças e adolescentes que jogam PlayStation do que adultos viciados em cuecas de marca. Um ano antes dessa conversa com sua irmã, em um concurso de perguntas e respostas na televisão apresentado pelo ex-goleiro da seleção argentina Sergio Goycochea, a participante que mais sabia sobre a vida do Pulga chamava-se Soledad e tinha 17 anos. María Sol Messi muda de assunto tão rápido como um *zapping* pelos canais de televisão em um domingo à tarde.

— Quando ele não está bem, é melhor não falar com ele — me conta. — Fica jogado no sofá vendo televisão. Mas não faz de sacanagem, é só porque está de baixo-astral.

O Pulga tinha motivos para fazer horas extras no sofá: tinha marcado apenas dois gols nas dez últimas partidas das eliminatórias da Copa do Mundo na África do Sul, e os jornais argentinos continuavam a questionar o paradeiro do gênio. Viam-no como um estrangeiro com a camisa errada. Longe de sua rotina no Barça, o artilheiro da Liga dos Campeões se comportou como um garoto deslocado e triste. Parecia ter perdido a intuição, essa qualidade de saber fazer as coisas sem pensar e que, aliada à sua velocidade, faz com que Messi jogue sempre no tempo futuro, um passo à frente dos demais. "O drible rápido que Messi realiza tão bem — diz o escritor Martín Kohan — não permite que se pense, e vai além disso: impede o pensamento." Vestido com a camisa da Argentina, pressionado pelos deveres da idade adulta, Messi pensou e, enquanto pensava, traiu seu próprio jogo, que reside na irresponsabilidade infantil. No vestiário, essa tradição tanto argentina quanto latino-americana, na qual quem impõe autoridade é o líder, exigia que ele fosse como Maradona. Os líderes políticos devem ganhar adeptos antes de subir ao palco, os líderes do futebol ganham seus adeptos no vestiário, antes de entrar no campo. O silêncio de Messi sem gols começava a fazer barulho.

A imprensa argentina nunca havia criticado tanto o jogador. Exigiam que fosse um pai severo quando era o filho tímido e travesso, que sempre chorava em seus momentos de frustração. Em uma partida da Liga dos Campeões da Europa, apesar de seu time ter ganhado, Messi começou a chorar no vestiário por não ter jogado como titular. Também havia chorado no dia em que estreou na seleção argentina e foi expulso sem ter completado um minuto de jogo. Depois de ganhar seis títulos consecutivos, não pôde conter as lágrimas ao ser eliminado da Copa do Rei na Espanha. Messi vive cada derrota como se fosse o fim do mundo, com o espírito amador que é característico das crianças. Mas, diante da frustração na seleção de seu país, Messi não chorava: olhava para o chão. Em vez de lágrimas, uma seriedade funerária transbordava de seu rosto.

— Ficou muito mal nesse momento — me contou sua irmã. — Todos sabem disso.

— E você? O que fez?

— Segurei a mão dele.

Lionel Messi tem as mãos grandes como as de um goleiro.

Quando tinha 5 anos, sua avó materna o levou pela mão para jogar futebol pela primeira vez. Hoje o neto dedica a ela os gols, apontando os dedos para o céu. Desde então, Messi não solta da mão de toda a família.

— Segurei a mão dele — acrescenta María Sol —, mas não falei nada.

A genialidade de Messi leva todos os que o cercam a renunciarem a si mesmos para atuar como administradores de seu talento e de seu destino. Rodrigo Messi é o mais velho dos três irmãos e, depois de seu pai, o segundo filtro para chegar ao Pulga. Veio para a Europa com a ideia de continuar a carreira no futebol que havia começado no Neswell's, mas agora uma de suas responsabilidades é fazer o jantar para Messi. Ao deixar os estádios, estudou gastronomia, e toda noite se encarrega de alimentar um gênio que só gosta de comer carne. Em uma tarde, no bar de um hotel cinco estrelas, Rodrigo Messi me disse que o irmão não gosta de peixe, nem de verduras. Naquele mesmo dia, havia renovado seu contrato anual com o Barcelona por 10,5 milhões de euros, e Rodrigo estava em sua companhia. É o único da família que ficou em Barcelona para ajudá-lo a realizar seu projeto. De vez em quando, solta um sorriso nervoso e passa a mão no cabelo sem ficar despenteado. Em casa costumam chamá-lo pelo apelido de "Problemita", e seu maior problema não é pensar no cardápio de toda noite, mas organizar a segurança de Leo Messi.

— Quando sai de casa depois de jantar — me diz o irmão —, fico preocupado. Ele não gosta de ter seguranças, mas nós os utilizamos sem ele saber.

— O que você acha que pode acontecer com ele?

Rodrigo Messi se concentra em uma expressão nervosa uma multidão de perigos que agora não consegue enumerar.

— Junto com a fama, aparece a inveja, surgem pessoas más, é preciso ter cuidado com tudo — me adverte. — O futebol é um mundo à parte.

Carregar o sobrenome de um gênio é uma sombra que inspira e limita ao mesmo tempo. O irmão de Maradona se deu tão mal com a bola que acabou jogando no Peru, como uma atração de circo. Quando jogou no Barcelona, o filho de Cruyff demonstrou que a única coisa que tinha herdado do pai eram os olhos azuis. O filho de Pelé fracassou como goleiro do Santos e acabou envolvido em tráfico de drogas e lavagem de dinheiro. Para Rodrigo Messi, a urgência em cuidar do irmão em um mundo desconhecido e perigoso converteu-se em sua missão de vida. Do outro lado do telefone, María Sol, porém, prefere falar de uma festa inesquecível.

— E o que ele te deu de presente de aniversário? — pergunto.

— Um monte de coisas. Estava na Espanha, mas ligava todos os dias — me diz. — Queria saber que cor seria o meu vestido.

O jogador que dorme quando não está com uma bola, despertou para festejar os 15 anos de sua irmã. De Barcelona, garantiu que fosse reservado o salão do melhor hotel de Rosário, que fosse contratado um serviço de bufê para duzentas pessoas, que ela escolhesse o vestido que mais gostasse. Escolheu também música ao vivo: cúmbia e *reggaeton*. Deu de presente para ela uma correntinha de ouro, com um pingente de coração, e um anel.

— E dançou?

— Sim. Ficamos todos surpresos, porque no casamento do meu irmão ele ficou sentado a noite toda.

Era a primeira vez na vida que a irmã o viu dançar.

Ninguém pede a Messi surpresa maior que a pura fantasia dos seus gols. Um de seus dribles pode se tornar assunto durante meses, e os amantes do futebol contarão aos netos que viram Messi jogar. Sem querer, Leo Messi é parte dos novos efeitos especiais da felicidade coletiva. Também é o herói de sua irmã.

— O que você gostaria de fazer? — pergunto a María Sol.

— Gostaria de ir embora para Barcelona e começar a estudar teatro.

Sua voz de adolescente se afina em tom de convicção.

— Eu queria ser algum dia como meu irmão — afirma —, mas como atriz.

María Sol Messi diz isso com a certeza daquelas pessoas que acreditam ser tudo possível. Inclusive negar a ideia de que possa existir somente um gênio na família. Ainda não sabe que, por trás de toda arte, se esconde um calvário. O do seu irmão pode ser o tédio que o invade quando se distancia dos gramados do futebol. Sem espectadores nem aplausos, o show para Leo Messi continua todas as tardes, no silêncio de sua casa, quando fecha os olhos e deixa a cabeça cair sobre uma almofada.

5

Leo Messi prefere não se lembrar de certas coisas de sua infância. Faltam três minutos para a entrevista acabar, e ele faz um gesto de cansaço característico de quando anulam seu gol: o queixo afundado, a boca torta, o semblante aflito. É a sua reação ao ver um livro na minha mochila. Ter sacrificado seu sono não é o que incomoda Messi naquela tarde de 2009. Antes de completar 22 anos, já haviam sido publicadas na Espanha duas biografias sobre ele. Uma delas, *El niño que no podía crecer* (O garoto que não conseguia crescer), de Luca Caioli, celebra a epopeia do futebol do Pulga no extraordinário mundo da bola. Agora Messi olha para a obra com receio.

— Nesse livro há coisas que não deveriam ter colocado — adverte, apontando o livro com o queixo.

No melodrama do futebol de sua infância, Messi se aborrece com alguns episódios. Tinha 13 anos quando subiu pela primeira vez em um avião e viajou até a Europa com seu pai. Uma terceira pessoa, Fabián Soldini, acompanhou os dois.

— Eu me lembro como se fosse hoje — me diz Fabián Soldini por telefone.

Se tudo desse certo na viagem, um agente se encarregaria dos contratos. Soldini fala de Messi em tom paternal.

— Era tão bom — insiste — que nos oferecemos para pagar 50% dos medicamentos que necessitava para crescer.

Era um produto de exportação, e o agente viu seu destino na Espanha.

Em um vídeo caseiro, Messi, ainda menino, faz noventa e sete embaixadinhas com uma laranja e cento e trinta com uma bola de tênis.

As esferas não caem no chão.

O agente o filmou fazendo esses malabarismos.

Enviou cópias para seus contatos em Barcelona.

— Como era Messi quando tinha 12 anos?

— Muito introvertido — lembra Soldini. — Quando o levávamos ao médico, ele tinha dificuldade para tirar a roupa para o examinar.

Tinha dificuldade também para se separar de sua família. Nessa primeira viagem à Espanha, houve um trecho de Rosário a Buenos Aires que, para Messi, foi dramático.

— Não parou de chorar — contou o agente. — Parece que ele já sabia que não iria voltar.

— Era frágil — digo para Soldini. — Mas, quando ele joga, vemos um guerreiro.

— Sim. O desafio o incentiva. Ele sempre precisou de um objetivo para jogar.

Soldini responde prontamente todas as perguntas, como se as fizesse para si mesmo todas as manhãs.

— Uma vez prometi a ele que, se fizesse cinco gols, eu lhe daria um conjunto da Puma.

Eram seus primeiros dias em Barcelona.

O Pulga vivia em um quarto do hotel Plaza, no bairro Sants, na região sul da cidade de Barcelona. Da sua janela, via as torres venezianas, os pilares arborizados da colina de Montjuïc, a Plaza de España. Em sua cabeça, só cabia uma ideia: tinha dezessete dias para demonstrar o que sabia fazer com a bola. Havia deixado seu país onde nenhum dirigente de clube queria pagar seu tratamento para crescer e, em Barcelona, punha em jogo seu futuro nas partidas de teste. Minutos antes de entrar no vestiário, o Pulga se deteve.

— Tinha vergonha de entrar sozinho — disse Soldini. — Tive que acompanhá-lo.

Naquela tarde, Leo Messi fez quatro gols e o quinto foi anulado. O agente cumpriu a promessa e lhe deu o presente.

Agora, sentado na Cidade do Esporte, Messi tem receio dos livros que contam essa parte da sua vida.

— E que coisas são essas que não deveriam ter escrito? — insisto enquanto folheio as páginas do livro.

— Sobre essas coisas — me diz — é melhor você falar com o meu pai.

Seu pai se altera quando vai falar de negócios.

— Leo nunca teve representante — inflama a voz no telefone. — Não quero falar sobre isso.

O pai não quer falar é de uma queixa pendente. A empresa de seu ex-agente exige o pagamento dos dias em que Soldini e seus sócios se responsabilizaram pela chegada e estadia de Messi em Barcelona. Horas de investimento quando o futuro do Pulga ainda era incerto. Pelo telefone, a voz de Soldini na Argentina mostra uma ponta de mágoa.

— Ele nem me cumprimenta — diz sobre Messi. — Tive que ir ao psicólogo por causa disso. Eu falei para ele: "Você não aniquilou a minha carteira, aniquilou meu coração".

Leo Messi teve que se adaptar à lógica do mercado. O vídeo em que ele fazia malabarismos com uma laranja virou publicidade de um cartão de crédito. Soldini, o produtor daquela sessão infantil, ficaria sabendo pela televisão. O fim da inocência amadorística foi o princípio da ambição comercial: o primeiro grande compromisso do Pulga foi um pacto feito em um guardanapo de papel. O diretor esportivo do Barça na época, Carles Rexach, viu o Pulga jogando sete minutos e, diante de um agente que o intermediava, pegou o guardanapo de um restaurante e assinou um compromisso de contrato. Não queria que outro clube se apoderasse de Messi. O Barça tornou-se dono de seu futuro na precariedade de um papel descartável. Em menos de uma década, um garoto em torno dos 20 anos passou a ganhar quatro vezes mais do que o presidente dos Estados Unidos, Barack Obama, declara receber pela venda de seus livros e por presidir o país mais poderoso da Terra. Seu nome é uma marca registrada, que funciona como empresa familiar, a Leo Messi Management. O gênio do futebol gravou comerciais publicitários para bancos, refrigerantes, empresas aéreas, *video games*, máquinas de barbear e posou em anúncios publicitários de cueca e pijama. Um pijama que ele não precisa usar para dormir à tarde.

Leo Messi volta a girar a cabeça e não encontra o chefe de imprensa que deve resgatá-lo. Sua impaciência é a de um aluno obediente que espera alguém tocar a campainha do recreio para ir embora. Juanjo Brau, o fisioterapeuta que segue Messi pelo mundo, diz que um modo de entendê-lo é observar a posição da sua cabeça: quando a abaixa, é como se pendurasse um cartaz escrito "não perturbe". A maioria das estrelas da bola tem uma atitude que os identifica dentro e fora do campo: o jeito de andar com o peito estufado de Maradona, o sorriso carnavalesco de Ronaldinho Gaúcho, a lentidão elegante e aristocrática de Zidane. Longe da bola, Leo Messi parece um clone sem as baterias do jogador eletrizante que todos conhecemos. Um mau representante de si mesmo. O chefe de imprensa não vem ao seu encontro, e o Pulga está a ponto de se levantar, mas, antes, dá uma olhada no seu telefone e confirma que ninguém ligou.

—Você guarda suas fotos aí? — interrompo.

Messi calça os chinelos como se estivesse levantando da cama e se espreguiça.

— Eu envio fotos — diz ele —, mas não costumo guardá-las.

O chefe de imprensa aparece agitando os braços para mim como um juiz que expulsa o jogador do campo. É o fim. Leo Messi tira os olhos da minha mochila, onde estão os livros que contam sua história e que ele não quer ler. Para ele, os livros são como vizinhos que não gosta de cumprimentar. Uma vez, seu treinador Pep Guardiola deu-lhe um de presente. Acreditava que o título seria intrigante para um jogador que sempre ganha, mas também quis lhe mandar um recado embrulhado em papel de presente. Tratava-se do último livro de David Trueba: *Saber perder*.

— E você leu?

— Eu comecei a ler porque foi ele quem me deu de presente — disse para mim, insistindo que só fez isso por Guardiola —, mas eu não gosto de ler.

— Você sabe que conta a história de um jovem que vem da Argentina e conhece uma garota aqui?

— Sim, depois que eu perguntei, me contaram.

Saber perder.

Lionel Messi continua chorando quando perde. Ao fim da entrevista, na Cidade do Esporte, despede-se com um aperto de mão que não aperta, tão relaxado e ausente como ele mesmo quando não está com a bola nos pés. Ali, na minha frente, ele se mexe, fala e se cala com uma preguiça enganosa, que desaparece diante dos seus rivais. Em sua época de ouro, Ronaldinho distraía a defesa escondendo uma jogada fatal por trás de um sorriso. Messi desconcerta o mundo com sua presença distraída. Eu sabia que, no dia seguinte, voltaria a vê-lo na televisão, durante a entrega do prêmio de melhor jogador do ano na Europa, um dos vinte troféus conquistados na temporada. Estaria usando um terno italiano feito sob medida, mas que, mesmo assim, pareceria emprestado. Depois, voltaria para sua rotina doméstica em câmera lenta, o paradoxo perfeito do garoto mais imprevisível nos gramados do mundo. Porém, naquela tarde, pensei: dentro de alguns minutos, Messi vai dirigir seu carro, sozinho e ladeira acima até a sua casa com vista para o Mediterrâneo, para terminar afundado, como sempre, na hipnótica sonolência do seu sofá.

Segunda parte

2010

I

Em uma manhã de novembro de 2010, Lionel Messi desce de um Porsche Cayenne e cumprimenta, com um leve movimento de cabeça, os produtores de um anúncio que estão à sua espera no Estádio Olímpico de Barcelona. A voz de todos se dissipa como o som de uma televisão quando abaixamos o volume pouco a pouco. Messi deveria atuar diante das câmeras, fazendo malabarismos com uma bola, mas está mancando. Na véspera, no frio da Dinamarca, havia enfrentado a defesa do Copenhague e saído de campo com expressão de dor no rosto. Por isso, uma cara produção publicitária para televisão podia fracassar. A equipe de filmagem chegou tarde de Quebec para gravar o camisa 10 chutando uma bola com chuteiras alaranjadas fluorescentes. Messi chegou até ali, na base da colina de Montjuïc, onde a vista domina parte da cidade, arrastando o pé direito. O diretor do comercial esperava que a filmagem fosse uma alegre repetição de seus arremates para o gol. Porém, a cara de Messi era a de quem faria um anúncio de colchões ou de remédios. Com dificuldade para andar, hesitava e contraía a boca toda vez que o pé direito tocava o chão.

Na vida de um jogador como Messi, fazer publicidade é um compromisso comercial tão ou mais rentável do que jogar uma partida. Em 2010, pela primeira vez na história, jogadores de futebol ganharam mais do que os Yankees, time de beisebol de Nova York, e Messi é o mais bem pago desse plantel. Havia ganhado 33 milhões de euros, dos quais somente um terço é o salário do jogador. A maior parcela é resultado de contratos publicitários. As estrelas do futebol se enfrentam tanto no campo quanto no mercado da moda. Cristiano Ronaldo é modelo da Armani e da Nike. Messi, da Dolce&Gabbana e da Adidas, a marca das chuteiras que ia promover com o pé dolorido. O argentino foge do biotipo-padrão de um jogador de futebol profissional. Seu quadril largo, a baixa estatura, o tronco longo e os braços curtos requerem modelos sob medida. Naquela manhã, Messi chegou ao Estádio Olímpico de Barcelona acompanhado pelo irmão mais velho e um assessor de marketing que o segue toda vez que uma câmera se aproxima. De acordo com o contrato, os produtores do anúncio teriam quatro horas para filmá-lo. O resultado seria um anúncio de dois minutos para a televisão. A imagem de Messi também deveria invadir a internet em formato "viral", um desses vídeos que os publicitários colocam na rede para que os fanáticos circulem para todo mundo. Ao tirar os sapatos para colocar as chuteiras que ia promover, ele deixa à mostra a razão de estar mancando: o pé direito inchado, protegido por uma faixa ajustada que cobre desde o tornozelo até perto dos dedos.

Somente o diretor de criação do anúncio está autorizado a falar com ele. É o único da equipe de direção que domina o idioma espanhol, os demais só falam inglês e francês. Ele também quer otimizar o escasso tempo estipulado em contrato pelo agente de Messi. O mundo da publicidade tem seus códigos. Durante o período da filmagem, ninguém deve interrompê-lo com perguntas, pedidos de autógrafos ou cumprimentos. É um dia em que nada pode distraí-lo. Está com dor no pé direito e precisa ser o mesmo herói que nós conhecemos pela televisão.

No seu tempo de criança, as lesões eram frequentes em sua vida. Ainda não era chamado de "Pulga". Seus companheiros de treino chamavam-no "Enano".[4] A baixa estatura, combinada com sua velocidade no campo, era fatal para qualquer defesa que tentasse barrá-lo. Suas primeiras lesões sempre foram nos ossos. Um dia, pouco depois de completar um ano, Messi saiu na rua atrás dos irmãos e foi atropelado por uma bicicleta. Isso lhe causou uma fratura no braço esquerdo. Quando tinha 12 anos, levou um empurrão de um colega em um treino e fraturou o pulso. Meses após chegar a Barcelona, em abril de 2001, entrou no campo para enfrentar o Tortosa, clube da cidade espanhola de mesmo nome, e sofreu a primeira lesão grave de sua carreira: um adversário quebrou a fíbula de sua perna esquerda. Ficou quinze dias sem poder apoiar o pé no chão. Não era muito consciente de sua fragilidade. Aos 15 anos, em uma partida contra o Espanyol, de Barcelona, um zagueiro partiu sua mandíbula com uma cabeçada. Messi desmaiou. Terminou o campeonato usando uma máscara ortopédica.

Os gênios de muletas não interrompem somente a continuidade do espetáculo. Maradona ficou fora dos campos durante mais de cem dias quando o jogador basco Goikoetxea quebrou seu tornozelo esquerdo no Camp Nou, o estádio do Barça, e Ronaldo ficou parado três anos ao quebrar o joelho direito em uma final da Copa da Itália. Um Messi fora do jogo pode transformar tédio em depressão, e não seria só para ele. As páginas de esporte se tornariam cinzas, enquanto nos bares e escritórios diminuiriam as exclamações. Um gênio do futebol estirado na cama rebaixa a hierarquia do melodrama no estádio e acaba com os negócios.

---

4 "Anão", em espanhol. (N. T.)

Pelé ficou fora de sua segunda Copa do Mundo, em 1962, quanto tinha 21 anos em função de uma distensão na virilha. Cruyff também resistiu a uma lesão na virilha até que a dor o derrubou em sua quinta temporada como atacante titular do Ajax da Holanda. Zidane foi uma figura cansada durante a copa que disputou na Coreia e no Japão, em 2002, por causa das lesões recebidas na liga espanhola. Messi não jogou a final de uma Liga dos Campeões em Paris, quando tinha 18 anos, devido a uma lesão no bíceps de sua perna direita, e por causa de outras lesões musculares chegou a se ausentar do time principal do Barça durante mais de um mês. No momento, porém, não é vítima de sua fragilidade, e isso garante a continuidade do negócio da admiração.

Uma estrela do futebol sempre tem uma sobrecarga de obrigações. Diferente do resto dos seus companheiros, Messi estreou no Barça nove dias antes de fazer a revisão médica. Na categoria infantil, precisavam de um artilheiro. Os treinadores não podiam esperar. Quando finalmente os médicos o examinaram, além dos exames de sangue e antropométricos, fizeram uma radiografia do pulso para medir seu desenvolvimento ósseo. O diagnóstico foi esperançoso: com um controle alimentar e um programa físico personalizado, Messi atingiria seu rendimento máximo sem precisar injetar hormônios. O clube pagou as duas últimas doses do seu tratamento para crescer. Assim, Messi foi deixando de injetar hormônios nas pernas toda noite.

Também deixou de se machucar. Quando adulto, já não era mais a debilidade óssea a causa de suas lesões, mas o cansaço que o empurra ao limite do que seu corpo pode suportar. Depois da Copa da África do Sul em 2010, Lionel Messi havia iniciado uma maratona aérea. Voou para Rosário (onde visitou a família e os amigos), para o Rio de Janeiro e Cancun (onde passou as férias com sua namorada), para Porto Príncipe (onde foi embaixador da Unicef, o Fundo das Nações Unidas para a Infância, pelas vítimas do terremoto). Depois, embarcou com destino à Ásia, com escalas em Seul, Pequim e Tóquio, para jogar partidas amistosas. Em seu melhor momento, Maradona jogava uma média de quarenta e cinco vezes por ano. Na temporada de 2010, Messi estava próximo de completar sessenta partidas. Em agosto, como parte de uma turnê asiática, deveria jogar pelo Barça com um combinado da liga sul-coreana. O treinador Pep Guardiola não permitiu que ele se apresentasse porque estava com dois quilos acima do seu peso, ainda não havia se recuperado das pancadas sofridas na temporada anterior, do desgaste da Copa do Mundo e da falta de treino durante as férias. Os organizadores da turnê foram exigentes, se Messi não jogasse, o Barça ganharia 200 mil euros a menos. Messi jogou. Dois meses depois, voltou a ser convocado para uma partida amistosa da seleção argentina contra o Japão. Guardiola, mais uma vez, rejeitou a ideia de colocá-lo em campo, pois continuava cansado e havia o temor de uma lesão. O negócio do futebol, porém, impôs-se novamente ao bom-senso. Messi teve de jogar. A presença do argentino nos campos de Tóquio e Seul valia 400 mil euros. O que um trabalhador consegue ganhar na Espanha trabalhando durante vinte anos, Messi é capaz de produzir sem precisar fazer gols, nem participar de uma partida inteira. Um jogo de futebol, assim como a filmagem de um anúncio publicitário, não deixa de ser um compromisso comercial. Para aquecer os negócios, é necessário apenas que sua imagem apareça em movimento. E Messi não parou de se movimentar. Somente em dez dias de agosto de 2010, ele tinha percorrido cerca de 35 mil quilômetros, quase uma volta ao mundo. "A verdade é que eu não sei em que hora vivo", disse quando aterrissou na Coreia. Estava desorientado.

Mas voltemos à história das filmagens naquela manhã de 2010. Ele fará malabarismos com uma bola, embora esteja com muita dor no pé direito. No Estádio Olímpico de Barcelona, Messi experimenta diferentes números de chuteiras e, toda vez que calça uma delas, franze a boca. Contudo, a rotina do *set* de gravação continua como se nada estivesse acontecendo, em ritmo de videoclipe. Messi tem que provar o uniforme da seleção argentina que um assistente trouxe. Uma garota magra e loira, usando blazer e calça preta, fica por perto, rodeando o jogador. Parece uma secretária, mas seu trabalho consiste apenas em guardar em uma sacola as roupas que o jogador põe de lado.

— Essas chuteiras são as mais leves do mercado — diz o diretor de criação. — Cada uma pesa o mesmo que uma bola de tênis.

Messi o escuta em silêncio.

— A ideia que queremos transmitir é que, por serem tão leves, elas fazem com que você corra mais rápido — insiste o publicitário.

Messi consente com a cabeça.

— Você é de onde? — pergunta Messi para o publicitário.

— Do Peru.

— Do Peru? — repete Messi como se estivesse evocando uma paisagem.

A pressa do mundo profissional atropela as etapas protocolares que as pessoas costumam realizar quando acabam de se conhecer. A televisão faz com que as personalidades públicas nos pareçam tão familiares que nos esquecemos até de cumprimentá-las. No verão europeu de 2010, uma suposta amante de David Beckham tornou público os encontros que tinha com o jogador, pelos quais ele pagava 10 mil euros. Cristiano Ronaldo oficializou seu noivado com uma modelo russa, famosa por posar de lingerie. O zagueiro do Barcelona Gerard Piqué foi surpreendido pelos *paparazzi* em seu romance com a cantora Shakira. As câmeras seguiram Messi e sua namorada até as praias do Rio de Janeiro, onde descobriram que, em sua omoplata esquerda, existia uma tatuagem de um rosto feminino. Era o rosto de sua mãe. A segunda vez que os *paparazzi* o alcançaram, Messi estava em Barcelona com sua namorada, saindo de uma apresentação do Circo de Soleil. Foi a última vez naquele ano que foi visto em público com ela. Meses depois, uma atriz argentina que havia namorado um companheiro de Messi na seleção sub-20 publicou em um *chat* que Messi havia pedido que ela posasse diante da câmera de seu computador: "Dá uma voltinha para eu ver". O jogador tem no rosto uma expressão alegre de quem espera ganhar um presente. Queria vê-la de corpo inteiro. A cena foi gravada e postada no YouTube. É assim, qualquer um que tenha tido contato com ele pode ganhar notoriedade. Ao ver o impacto que causou o bate-papo indiscreto, uma participante de um *reality show* também saiu falando diante das câmeras sobre um encontro que havia tido com Messi no quarto de um hotel de Buenos Aires. A garota, uma morena com corpo de *stripper*, amoleceu quando um apresentador de televisão perguntou se Messi era tão bom na cama quanto no campo. "Leo é um garoto sem malícia — disse ela — e ele gosta de garotas sem malícia." Pelo tom é como se estivesse pedindo desculpas a Messi pela indiscrição, por trair sua confiança. Outras estrelas do futebol desenham suas vidas privadas com um ar de luxo inatingível. Messi, ao contrário, parece não ser consciente dos perigos da fama. No final de 2010, sua imagem pública de garoto disciplinado e entediado passou a ser a de um adulto que, às vezes, age como se ninguém estivesse olhando, com a ingenuidade típica de um *voyeur* que se esquece de que também está sendo observado.

No comercial para a TV, Messi pede uma bola para treinar fazendo malabarismos. Faltam alguns minutos para começar a filmar, e o convidam para refugiar-se no *trailer* onde há comida e um lugar privado para descansar, mas ele não quer. Fica jogando a bola para o ar sem pretender dar um show para aqueles que ficam observando. Toca de maneira quase mecânica, e a bola viaja de um pé para o outro sem tocar o chão. Bobby Fischer, o primeiro americano campeão mundial de xadrez, costumava levar no bolso um tabuleiro em miniatura com suas peças para jogar em qualquer lugar. Assim se isolava do mundo. Em vez de cavalos e peões, Messi usa uma bola da Adidas, a mesma que disputou a Copa de

2010. Só interrompe o jogo para escutar seu irmão que o chama em um canto. Rodrigo Messi queria lhe passar o celular. Alguém enviou uma mensagem para o seu BlackBerry e, pela primeira vez naquela manhã, Messi dá um sorriso.

Os produtores do anúncio ordenaram que ninguém falasse com ele para evitar distraí-lo. A extrema concentração de Messi com uma bola nos pés parece isolá-lo do mundo. Mais de uma vez ele foi vítima de suas próprias distrações. Quando era criança, chegou tarde a uma partida decisiva das divisões de base do Newell's porque havia ficado trancado no banheiro. A segunda lesão grave que sofreu, depois de chegar a Barcelona, foi no mesmo tornozelo direito, que fraturou ao descer de uma escada. Igual a Maradona, seu corpo só ganha perfeição atlética quando está em ação e, graças à televisão, podemos reconstruir em câmera lenta sua genialidade. Enquanto para os outros jogadores não há nada mais motivador do que posar diante dos *flashes*, o garoto que deixa os comentaristas esportivos sem palavras fica mais alegre ao receber uma mensagem pelo telefone do que ser a estrela de um videoclipe.

2

Fora da bolha do futebol, o mundo costuma ser uma paisagem que Messi vê das janelas de um avião ou de um ônibus, seguindo de um estádio para outro. Acima de tudo, está a paisagem iluminada da tela do seu BlackBerry. As obrigações que o clube exige dele ocupam sua vida quase completamente, e o bate-papo da internet é, às vezes, a única maneira que lhe resta para falar com seus amigos. Em uma manhã, Rubén Bonastre, seu professor de informática, me levou ao local onde Messi teve suas primeiras aulas para enviar um e-mail. É uma sala no primeiro andar da La Masía, a antiga casa de pedra do século XVIII, albergue de jogadores adolescentes que chegam do mundo inteiro aspirando jogar no time principal do Barça. Messi entrou aqui pela primeira vez em 2001, quando tinha 13 anos. Bonastre foi uma das primeiras pessoas a recebê-lo. Foi também seu conselheiro acadêmico. Na La Masía, os adolescentes têm aulas de apoio escolar e aprendem a competir em esporte de equipe. Vivem em um regime rigoroso, quase militar, embora, do lado de fora, o prédio pareça diante dos nossos olhos uma agradável casa de campo de outro século, da época em que a internet e os telefones celulares nem sequer pertenciam ao reino da ficção científica.

— Messi poucas vezes mantinha as mãos no teclado — conta o professor de informática.

— Era preguiçoso?

— Não. Ele era muito distraído e disperso — completa Bonastre —, mas quando eu lhe pedia que trabalhasse, colocava os cabelos atrás da orelha e fingia cumprir a tarefa, mesmo sem saber o que estava fazendo.

Rubén Bonastre começou a trabalhar na La Masía no mesmo ano em que Messi chegou a Barcelona. Tinha pouco mais de 30 anos, os cabelos curtos com gel e o tom de voz de um líder jovem. Naquela época, Messi usava os cabelos compridos e principiava os estudos do segundo grau. Bonastre entende agora sua distração.

— Era uma atitude inteligente — diz o professor. — Tinha muito claro que o seu objetivo era jogar futebol. Ele ia à escola e, embora não rendesse muito, cumpria com sua obrigação de estar ali. Era parte do preço que ele tinha que pagar.

Como quase todos os jogadores de futebol, o craque do futuro nunca foi um aluno aplicado, mas, se quisesse jogar no Barça, era obrigado a fazer todas as matérias, incluindo assistir às aulas chatas de informática. PowerPoint. Base de dados. Windows. Não dava atenção para nada disso.

Agora Messi sempre está atento às mensagens do telefone.

Em uma tarde de outubro de 2010, na sua casa de Barcelona, o BlackBerry tocou. É uma mensagem de texto.

—Você é um desastre — diz alguém de Buenos Aires. —Vou te matar.

É Juan Sebastián Verón.

Durante quarenta dias, na Copa da África do Sul, Messi foi companheiro de quarto do meio-campista da seleção argentina. No centro de alto rendimento esportivo de Pretoria dormiram em camas paralelas e compartilharam a expectativa de uma Copa que, para eles, acabou nas quartas de final. Verón havia jogado em outras duas copas, e seu corpo alto, de ombros largos e cabeça raspada, ficou conhecido na Europa depois de sua passagem pelo Chelsea, pelo Manchester United e pelo Inter de Milão. Messi jogava seu primeiro campeonato do mundo na condição de titular da seleção argentina. Maradona estava certo de que a presença de um líder como Verón poderia motivá-lo. Queria evitar que a pressão da Copa de 2010 convertesse Messi no menino tímido e sem reflexos que havia sido criticado nas partidas eliminatórias. Verón conhece a fórmula para que Messi reaja fora do campo do mesmo modo que o faz dentro do gramado.

No dia em que Verón me recebeu em Buenos Aires, no refeitório do Clube Estudiantes de La Plata, estava disposto a demonstrá-lo.

— Tem uma pessoa aqui perguntando por você — escreveu Verón por SMS. — Quem você mandou para mim?

Messi responde de Barcelona:

— Eu não mandei ninguém.

— Não, seu bobo — responde Verón. — É brincadeira.

Messi sempre se interessa em saber quem pergunta por sua vida, e Verón coloca a luminosa tela do seu BlackBerry à minha vista. O Pulga está conectado ao *chat* do seu celular. Sua imagem aparece estática na tela do seu ex-companheiro de quarto. É a típica foto minúscula que os usuários da internet 2.0 escolhem como apresentação enquanto batem papo. Nela Messi sorri, olhando para a câmera e abraçando seu animal de estimação, o boxer Facha. Ambos estão encostados em uma poltrona, afundados em uma confortável almofada. Verón me mostra a tela como uma prova de que Messi costuma ficar conectado. Ele gosta de dizer coisas para provocá-lo, mas, no meio das brincadeiras, também está pedindo permissão para falar de sua vida.

— E ele sempre responde? — pergunto-lhe.

— Sim. Sempre precisa jogar e ganhar — diz Verón. — Sempre busca um estímulo.

Explicou com um exemplo.

— Outro dia, eu enviei uma mensagem atacando-o: "Faz duas semanas que você não me escreve, mau amigo". E ele em seguida respondeu: "Não é isso, me desculpe, é que eu não quero incomodar você".

Verón arregala os olhos.

— Incomodar? — encolhe os ombros. — Ele não tem porquê responder para mim.

As brincadeiras pela internet são confusas, e Messi não se dá muito bem com as palavras.

— Eu conheço suas mudanças de humor, o que diz sua fisionomia e quando está nervoso — completa. — Na hora em que pede silêncio, deve-se respeitá-lo.

— E como você fez para ganhar sua confiança?

— Tratando ele como um irmão — diz Verón.

Em seguida, emenda uma correção:

— Ou como um filho.

Messi foi criado rodeado por adultos que não eram seus pais, mas o tratavam como um filho. O garoto que, na escola primária, falava pela boca de uma colega de 6 anos hoje se comunica com a velocidade de um BlackBerry. Mas, na La Masía, tinha aulas de informática duas vezes por semana e se comportava como esses usuários do Messenger que estão sempre com um ar ausente estampado no rosto.

— Estava presente na aula, mas era como se não estivesse — lembra o professor de informática.

Porém, na aula de computação, Messi não era o mesmo do campo coberto de bolas.

— O paradoxal é que eu ia às reuniões com os técnicos de futebol e me falavam maravilhas dele — conta Bonastre. — Então, você se pergunta: como ele consegue entrar em campo com tanta desenvoltura e, na vida real, não ter nenhuma?

Na vida real, depois de treinar e assistir com má vontade as aulas de reforço escolar, Lionel Messi passava as noites em um apartamento próximo ao Camp Nou, na Gran Vía Carlos III. O clube aluga essas moradias em Barcelona para os parentes dos meninos estrangeiros, que vêm jogar nas categorias inferiores, e Jorge Messi, seu pai, havia se encarregado de escolher o apartamento mais conveniente para sua família. Nos primeiros quinze dias na cidade, os Messi se hospedaram em quartos do hotel Rallye, com uma privilegiada vista para o campo do Barça, mas queriam um lugar mais confortável para ficar.

Celia Cuccittini, a mãe de Messi, inspecionou o novo apartamento em silêncio.

— Quero uma casa — disse ela, habituada às ruas estreitas e residências térreas do bairro Las Heras.

Não gostava de viver em um prédio de apartamentos. Meses depois, os Messi-Cuccittini começaram a abandonar esse edifício. A mãe não conseguiu se adaptar ao novo bairro. Seu filho Matías, que tinha uma namorada argentina, decidiu voltar para o seu país. E a filha María Sol também não se dava bem com o idioma catalão, nem com os novos colegas do colégio. Todos voltaram a Rosário. Em Barcelona, ficou somente o irmão mais velho de Messi, Rodrigo, que preferiu viver com a esposa em outra parte da cidade. Antes de começar a ser artilheiro das categorias inferiores do Barça, Lionel tinha ficado apenas com seu pai em um apartamento familiar cujos quartos ficaram desertos.

Messi contou sua história uma década depois. "Foi muito ruim", disse. "Houve momentos em que eu e meu pai estávamos sozinhos, e eu me trancava no quarto para chorar sem que ele me visse." A família não conseguiu se adaptar à cidade onde o mais novo dos três filhos homens iria se transformar no melhor jogador do mundo. Enquanto o professor Bonastre o ensinava a se comunicar à distância pela internet, Messi não podia participar de nenhuma competição nacional por ser estrangeiro. O clube em que havia se inscrito, o Newell's Old Boys, negava-se a dar-lhe o passe internacional para que pudesse se inscrever na Federação Espanhola de Futebol. Ele só podia jogar partidas amistosas com a categoria infantil B na Liga Catalã.

Entretanto, o FC Barcelona o reteve. Messi se encaixava em uma filosofia do esporte que o Barça havia começado a praticar vinte anos antes em suas categorias inferiores. Os diretores esportivos não procuravam mais o estereótipo de jogador alto e musculoso. Acima do porte físico, privilegiavam a técnica, a inteligência e a habilidade. Quando Pep Guardiola era um menino que vivia na La Masía, quase fracassou por causa de seu físico fracote. Seu ex-treinador, Lluís Pujol, lembra-se dele assim: "As pernas dele pareciam arames. Não vi nada nele do ponto de vista futebolístico, nem lançamento, nem drible, nem chegada, nem sequer coragem ou desenvoltura". Lembra-se de ter comentado com Oriol Tort, que era o então responsável pelas categorias inferiores do Barça:

— Não sei o que esse menino tem — disse Pujol, cético. — Eu só vejo cabeça nele.

— Justamente — afirmou Tort. — O segredo dele está em sua cabeça.

A estratégia de investir em jogadores com mais cabeça do que corpo foi se consolidando no FC Barcelona, até se converter em uma marca da casa. Quando Messi chegou para fazer testes no Barça, foi resgatado pelo diretor esportivo do clube.

— Quando eu quis contratar o Messi — me disse Carles Rexach —, algumas pessoas me disseram que ele parecia um jogador de pebolim, o futebol de mesa também conhecido como totó. Eu respondi que, se todos os jogadores de pebolim fossem assim, eu queria uma equipe inteira só deles.

O Pulga era parte de um plano a ser modelado com o tempo.

Atualmente, La Masía ainda funciona do mesmo modo que ocorria quando Messi a frequentava. Nas paredes de pedra e cimento, estão penduradas as fotos de antigas conquistas. No ar se misturam o aroma da comida, que vem da cozinha, com o da cera dos pisos e dos bancos de madeira que ficam na recepção. Aqui, Johan Cruyff assinou seu primeiro contrato. Aqui, comeram sete dos jogadores da seleção espanhola que ganharam a Copa do Mundo da África do Sul. Os quartos com os beliches ficam bem perto da biblioteca. Ali há espaço para doze adolescentes, e os outros, cerca de cinquenta, dormem em um edifício próximo ao Camp Nou. São os mesmos quartos em que dormiram Xavi Hernández e Andrés Iniesta que, ao lado de Messi, foram indicados à Bola de Ouro de 2010. Nenhum dos três superava um 1,71 metro de altura. Messi não tinha 150 centímetros quando chegou ao clube, porém todos queriam tê-lo em seu time. Quando jogava no Cadete B e viajou com seus companheiros para a Suíça, durante o jantar de despedida do torneio em que derrotaram o time anfitrião, o jogador Thayngen subiu no palco para fazer brincadeiras com uma bola. Os colegas de Messi, inconformados com a exibição, obrigaram o Pulga a também dar seu show no palco. O garoto prodígio exibiu com a pelota uma desenvoltura que não mostrava fora do terreno do jogo.

— Com certeza, ele não aprendeu a fazer logaritmos — fala Bonastre na La Masía —, mas aprendeu a chegar pontualmente aos treinos, a ter treinadores e a suportar ouvir coisas que não gosta.

Bonastre fala com a convicção de quem se sente satisfeito com o seu trabalho.

— Se você tem autocontrole com um professor, também terá com o treinador — diz o professor de informática. — Se você tem autocontrole na sala de aula, também vai ter no campo.

A disciplina que Messi demonstra no jogo foi uma herança das privações que viveu em sua adolescência. É a habilidade natural de uma pelada argentina contida pelo rigor acadêmico do

FC Barcelona. O craque que nasceu em um país liderado por ditadores teria tido outro destino sem a formação de um clube que apostou na democratização da bola. Entre atacantes que defendem e zagueiros que avançam para o gol adversário, Messi atua como líder silencioso na distribuição do poder do Barça. Com a camisa da Argentina, no entanto, não teria ganhado a Bola de Ouro que o coroou como o melhor jogador do mundo. A seleção do seu país tinha uma dinâmica de jogo com a qual Messi demorou muito a se adaptar, mas também é claro que Messi materializa a lealdade ao clube que pagou seu tratamento para crescer com inspirados golaços, com chutes no ângulo, que mais parecem uma prova de amor do que ambição para superar um recorde.

Na Copa do Mundo da África do Sul, Verón havia assumido a responsabilidade de manter aquecida a incubadora em que Messi amadureceu sua genialidade. Porém, nessa ocasião, com a camisa da Argentina, o 10 só chutou bolas na trave e nas mãos do goleiro.

— Se está aborrecido, ele não olha você nos olhos — diz Verón em uma manhã tranquila em Buenos Aires. — O melhor a fazer nessa hora é deixar Messi sozinho. Às vezes, quando chegávamos ao quarto, ele estava muito nervoso, e eu o deixava só.

— Sua irmã me contou que, quando está mal, se joga na sofá — digo ao volante argentino. — Messi também me disse que gostava de dormir à tarde.

— Comigo, é a mesma coisa — confirmou Verón. — Muita cama.

Aos 35 anos, Verón é pai de dois filhos e gosta de estar na cama às onze da noite. O meio-campista enfrentava o desafio da sua última Copa do Mundo. Uma da madrugada era muito tarde para ele. Messi, ao contrário, vivia a concentração com a energia de um garoto que vai acampar com os amigos. Na rotina da sua casa, se deita quando não há nada melhor para fazer.

— Se deixar, ele dorme até as dez, onze da manhã. E, além disso, dorme durante a tarde, logo depois do almoço.

Verón diz isso com o sorriso de um tio que, uma vez por mês, desfruta da companhia de seu sobrinho mimado.

— É incrível o tanto que ele dorme — insiste. — Eu me levantava, fazia barulho, e o cara nada. Mas nada mesmo.

Messi assistia à série *El cartel de los sapos*,[5] sobre o tráfico na Colômbia.

— Ele era o dono do controle remoto — acusa Verón.

Enquanto o volante liderava a equipe nas partidas, Messi controlava a televisão na cama do seu quarto. Javier Mascherano, outro meio-campista da seleção argentina, era o dono dos DVDs, passados de mão em mão para o resto dos jogadores. Todos queriam ver essa série sobre o tráfico de drogas.

— Muitos personagens morriam e surgiam outros novos — conta seu ex-companheiro de quarto. — Um dia Leo me disse que a série estava ficando um pouco pesada e deixou de assistir.

Messi era o encarregado de levar os DVDs ao quarto compartilhado. Um ano antes, poderia ter se tornado viciado nos episódios de *Lost* e *Prison Break*. Também deixou de seguir essas duas séries antes de chegar ao final.

Messi prefere se divertir com jogos em que pode controlar o desenlace.

Verón se espanta com os hábitos que Messi mantém desde criança. A estatística diz que, antes de uma competição, um esportista de alto rendimento não consegue dormir mais do que quatro ou cinco horas por causa do estresse. Fora da competição, o regular seria um período de nove horas, uma a mais que uma pessoa que não pratica esporte. Segundo o registro do FC Barcelona em agosto de 2003, quando tinha 16 anos, Messi pesava 62,7 quilos e, no dia anterior, havia dormido "dez horas durante a noite e uma hora

---

5 Série de TV colombiana, baseada no livro de mesmo nome, escrito por Andrés López López que fala da história do *Cartel del Norte del Valle* e da máfia colombiana. (N.T.)

no meio da tarde". Naquela época, cada jogador das categorias inferiores do Barça tinha obrigação de indicar para o treinador suas horas de sono. Messi era o jogador mais habilidoso do grupo do Barça e, ao mesmo tempo, o mais dorminhoco de todos.

Fernando Signorini, o preparador físico pessoal de Maradona e, na Copa do Mundo da África do Sul, da seleção argentina, vê em Messi um enigma não decifrado.

— A frequência de movimentos que ele tem em campo é mais alta do que a de Maradona — me diz Signorini em Buenos Aires. — Levar a bola tão grudada no pé exige um ritmo altíssimo de passos. Não sei como ele consegue.

Para Signorini, Messi é um fenômeno sobrenatural que surge em um momento em que ele acreditava já ter visto tudo.

—Você olha para ele na entrada do aquecimento, e Messi está tão calmo como um garoto que vai jogar no campinho da esquina.

Messi não fica nervoso no vestiário minutos antes de entrar no gramado. Não é o único caso. Antes de uma final de Wimbledon, o batimento cardíaco do tenista sueco Björn Borg não atingia sessenta pulsações por minuto, quando o normal seria ficar com mais de cem. Por outro lado, Valdano recorda-se de ter visto Maradona assustado, pedindo ajuda à sua mãe antes de uma partida importante: "Tota, me ajude porque estou assustado". Signorini diz que Maradona fazia teatro para chamar a atenção dos companheiros.

— Há esportistas que são grandes simuladores de estados de ânimo — diz o preparador físico. — O caso de Leo é diferente. Eu não acredito que estivesse preocupado com nada. Esses tipos são inexplicáveis. Eles vivem e jogam como querem, enquanto os outros vivem e jogam como querem as outras pessoas.

Maradona, assim como Messi, sempre era o último a se levantar da cama, como se tivesse esquecido a partida.

— Quem acorda Messi de manhã? — pergunto a Verón.

— Pedia ao massagista, ou a mim, que o despertasse para ir ao ginásio. Nesse ponto, ele é bastante preguiçoso.

Ser o protagonista da Copa do Mundo não angustiava Messi antes de cada partida.

— Messi é um garoto sentado em um canto. Não faz nada — explica Verón. — Não usa faixas nem tornozeleiras. Em uma disputa pelas quartas de final, ele joga igual faria em uma partida com os amigos de sua cidade.

Alguns dias antes de Messi completar 23 anos, a seleção argentina era uma das favoritas da Copa do Mundo da África do Sul. Embora não fizesse gols, a maior estrela do Barça se destacava em uma equipe que avançava invicta. Dois dias antes da partida com a Grécia, Maradona chamou Messi para dizer-lhe algo. Queria dar-lhe a faixa de capitão do time.

— Foram os dois dias — me diz Verón — em que vi Leo nervoso pela primeira vez.

Não era a responsabilidade da liderança o fator que incomodava Messi. O que o assustava era ter que fazer um discurso diante de seus companheiros.

— Durante dois dias ficou pensando como faria isso. "O que vou dizer?", me perguntava Leo — recorda Verón. — Eu falei para ele: "Diga o que você sente e vai dar tudo certo, mas não é fácil".

Nós sentíamos que Messi estava nos escutando do seu BlackBerry. Na tela do telefone de Verón piscava uma luz. O diálogo com ele podia continuar. Na foto do seu telefone, Messi sorria em silêncio.

Maradona perturbava Messi, pedindo para falar no vestiário. Não era a primeira vez que o deixava nervoso.

Messi havia conhecido Maradona em um programa de televisão que o Pibe de Ouro apresentava em Buenos Aires. Tinha 18 anos e seu nome começava a se tornar popular na Argentina. O programa se chamava *La noche del 10*.[6] Haviam montado na

---

[6] A noite do 10, em português. (N.T.)

frente das câmeras uma quadra de futetênis, onde o eterno 10 da Argentina enfrentaria o 10 do futuro. "Estava no camarim com meu pai, meu primo e meu tio, todos falando de autógrafos e das fotos que iríamos pedir. De repente, Diego abriu a porta e entrou", recordou Messi. "Nós ficamos petrificados. Ele foi embora e não pedimos nada." Cinco anos mais tarde, na tensão da competição da Copa, Messi voltou a ficar petrificado. Naquele primeiro encontro, Messi havia ganhado de Maradona a partida de futetênis, mas sua presença continuava intimidando-o. Na África do Sul, o eterno 10 havia planejado dar-lhe um incentivo com a faixa de capitão. Diante dos olhos do mundo, o gesto pareceu ser um merecido e antecipado presente de aniversário. Para Verón, que várias vezes foi o líder da sua seleção, era uma nova responsabilidade: no quarto compartilhado, ele teria que ensinar um gênio introvertido a se comportar como um líder. O privilégio deixava Messi mudo. Não poderia discursar para os seus companheiros por SMS.

Três anos antes, em outro programa de televisão, Maradona declarou que Messi tinha tudo para ser o "grande jogador argentino", mas também disse que lhe faltava ter mais presença.

— Se ele tivesse um pouco mais de liderança — disse Maradona —, acredito que poderíamos tirar de letra a Copa da África do Sul.

— Falta-lhe liderança? — perguntou o apresentador Marcelo Tinelli.

— Sim, presença — respondeu Maradona. — Porque, de resto, ele tem tudo.

Como em um jogo de espelhos, Messi projetava uma imagem na qual Maradona buscava ver a si mesmo. Aos 19 anos, jogou seu primeiro mundial, na Alemanha, em 2006, enquanto Maradona tinha 21 quando foi à Copa da Espanha, em 1982. "Acredito que ao tornar Leo capitão do time, Diego pensou em si mesmo quando tinha a mesma idade", disse Fernando Signorini. "Na partida contra a Grécia, Maradona deu a faixa de capitão para o Maradona [que via em Messi]." No monólogo interior de seus treinadores, Messi nunca havia interpretado o papel de capitão. A estridência de uma faixa que exige que ele fale como um líder estressa alguém que prefere passar despercebido. Em termos monárquicos, as sucessões são sempre conflitantes.

— E, afinal, Messi falou no vestiário?

— Disse uma coisa — recorda Verón —, mas logo ficou travado, pois não sabia como continuar.

Verón calculou suas palavras. Queria proteger a intimidade da equipe.

— Disse que estava muito nervoso, e saímos para o campo.

O meio-campista fala de Messi como se tratasse de um sobrinho ou de um irmão mais novo. Na partida contra a Grécia na África do Sul, a liderança foi dele.

— Provavelmente o capitão seria eu — disse Verón, sorrindo —, mas Maradona se aproximou e me perguntou: "O que você acha de darmos a faixa para o Leo?". "Está bem", eu disse, "você é o técnico". Eu não ia fazer um escândalo por causa disso.

Há um curto-circuito emocional quando se presencia um ato genial, mas há ocasiões em que essa mesma situação pode se converter em puro sofrimento. Messi enfrentou Verón no campo em um jogo; seu amigo levanta as sobrancelhas e joga o corpo para trás quando se lembra disso. Foi em uma noite de 2009, na capital dos Emirados Árabes Unidos. O público árabe gritava o nome de Messi em coro.

— Nessa noite, Leo estava nervoso — lembra Verón. — Eu o conheço e sei que não estava gostando da partida.

Não havia espaço livre na arquibancada do estádio de Abu Dhabi. Lionel Messi entrou em campo com o número 10 impresso nas costas da camisa rosa fluorescente do Barça. Do outro lado, Verón exibia em seu braço esquerdo a faixa de capitão do Estudiantes de La Plata. Disputavam a final da Copa Mundial de Clubes, os melhores da América disputavam com os campeões da

Europa e, para Verón, naquela idade em que um craque já pensa em se retirar, era a última possibilidade de ganhar o troféu que seu pai, também jogador de futebol, havia conquistado no mesmo clube três décadas atrás. Era uma questão pessoal. Messi disputava o seu sexto troféu da temporada.

— Eu pensei: "É nosso" — me diz Verón com entusiasmo. — Avisei os meus companheiros: "Peguem o Leo, não deixem ele sozinho", mas ele teve um segundo.

Messi marcou o gol da vitória por 2 a 1, durante a prorrogação, graças a um voo tão memorável quanto estapafúrdio na pequena área, onde empurrou a bola com o peito para o fundo da rede.

Não são muitos os casos de jogadores que tenham sido aplaudidos pela torcida rival. Maradona e Ronaldinho foram ovacionados no Santiago Bernabéu — o estádio do Real Madri — quando usavam as cores do Barça. Messi foi aplaudido pelos torcedores fanáticos do Atlético de Madri, no estádio Vicente Calderón, e também no Mineirão, de Belo Horizonte. Sua presença, com a camisa da Argentina, produziu em 2008 uma reação nunca vista: a torcida brasileira ficou em pé para gritar em coro o nome de Messi.

Naquela noite de calor seco no deserto de Abu Dhabi, Messi recebeu o prêmio de melhor jogador. Verón foi o segundo melhor do torneio.

— Messi disse alguma coisa para você depois da partida?

— Não, porque ele também me conhece — diz Verón. — Eu estava amargo, triste. Ele nem se aproximou de mim, e foi melhor assim.

Depois dessa partida nos Emirados Árabes Unidos, pichações que cobriram as paredes da cidade de La Plata insultavam Messi. O garoto que não fazia gols nos jogos da seleção da Argentina havia tirado o troféu da Copa Mundial de Clubes das mãos de um time do seu país. Por respeito ou por vergonha, Messi não se aproximou para consolar seu amigo. Sabia que esse gesto poderia ser interpretado como provocação.

Verón balança a cabeça raspada e fecha os olhos como se quisesse ver distantes esses dias compartilhados com Messi.

— O que o deixa envergonhado — diz Verón — são os olhares.

Ao finalizar as partidas da Copa do Mundo da África do Sul, no centro de alto rendimento esportivo de Pretoria, onde Messi e Verón eram colegas de quarto, apenas os familiares podiam visitar os jogadores: pais, mães, namoradas. Chegavam à tarde e, às vezes, ficavam ali até um pouco antes do jantar. Messi preferia ir para seu quarto até terminar o horário de visitas. Queria evitar a multidão. Quando chegava a hora do jantar, sempre ficavam algumas famílias nos corredores que conduziam ao refeitório.

— Eu lhe dizia que descesse para comer, mas ele pedia que fôssemos pelo outro lado, porque tinha vergonha — lembra Verón. — Ele não é má pessoa, é somente um cara tímido.

Todos se lembram de Messi como um garoto que, sem renunciar a ser uma estrela, em alguns momentos gostaria de ser invisível. Às vezes, ele parece conseguir. Até mesmo diante das pessoas com as quais compartilhou todos os dias durante cinco anos.

Na La Masía do FC Barcelona, antes de nos despedirmos, o professor de informática me conduz como um guia turístico até a sala do refeitório. Uma mulher, de touca e avental, coloca os talheres sobre as mesas com toalhas de plástico. "O prato de hoje — me diz Josefina Brazales — é macarrão à carbonara." Ela trabalha há quase vinte anos servindo o mesmo cardápio de dieta equilibrada que, anos atrás, Messi almoçava diariamente ao meio-dia. Brazales é a funcionária mais antiga da La Masía. Está acostumada a ser chamada pelos jogadores adolescentes pelo diminutivo do seu nome. Outros, simplesmente, dizem "mamãe".

— Messi também a chamava de mamãe?

— Não. Ele era muito prudente, bem-educado e tranquilo.

Na sua lembrança, Messi é uma figura esquiva.

— O que me lembro — conta — é que ele comia muito devagar. Sempre era o último a terminar e, como todos os outros, comia pouco quando tinha legumes ou peixe. Quando o cardápio era batata frita, carne ou coisas do tipo, aí sim ele comia bem.

Jogadores como Messi reforçam a ideia nos funcionários da La Masía de que eles têm em suas mãos diamantes brutos que devem ser cuidados. Assim, se valem de uma prática, acima do senso comum, para que um espinafre ou um filé de peixe não pareça insosso ao paladar adolescente. Porém, nos domínios de Josefina Brazales também há normas, como em qualquer outro colégio, às quais Messi teve que se adaptar. No refeitório é proibido deixar cadeiras vazias e todos devem se sentar na ordem de chegada e aceitar o cardápio que está planejado para cada dia da semana. Legumes às segundas, terças, quartas e quintas-feiras. Carne vermelha, frango e carneiro às sextas-feiras, sábados e domingos. Peixe duas vezes por semana. Salada, como entrada todos os dias. Messi tinha que se adequar, como todos os outros adolescentes, a uma dieta em que os doces e guloseimas eram proibidos. Na La Masía só são permitidos nos fins de semana, os únicos dias livres que eles têm para gastar os 50 euros mensais que o clube paga como remuneração. O argentino que é viciado em *alfajores* e em panquecas de doce de leite não recebia esse dinheiro porque vivia com seu pai. Como antídoto contra a saudade de seu país, de vez em quando Messi suspendia a dieta e comia os *croissants* que lhe enviavam de Rosário. O resto dos dias devia se adaptar ao cardápio colado com fita adesiva em uma das paredes da cozinha.

— Isso aqui é como uma fábrica — me diz um careca com nome de futebolista argentino. — Aqui nós fazemos jogadores de futebol e homens.

Josefina Brazales me apresentou para ele como parte de seu *tour* pelos fogões. Chama-se Fernando Redondo. É o cozinheiro da La Masía.

— A única lembrança que tenho de Messi é que era o último a descer do ônibus que trazia os garotos do colégio — diz o cozinheiro. — Quando ele chegava, quase não tinha mais espaço no refeitório.

Como quem vê um fantasma, Redondo aponta uma mesa que fica em um canto iluminado por luz natural e diz que Messi se sentava ali.

A mesa está perto de um antigo pebolim. Josefina Brazales diz que os adolescentes só podem jogar depois da sobremesa e nos dias de folga. O que a funcionária e o cozinheiro não contam é que os últimos a chegarem ao refeitório, como Messi, poderiam ser os primeiros a começarem a jogar. A estratégica mesa dos atrasados na qual se sentava para comer é a número quatro. Se houvesse uma moral na atitude lenta de Messi fora dos campos de jogo, seria a de que, às vezes, o caminho mais rápido para chegar ao que, de verdade, nos interessa é agir com lentidão.

Durante aquele *tour*, os adolescentes que chegam ao refeitório ao meio-dia, ao contrário de Messi, se movem com rapidez e fome. Vêm do colégio em um ônibus que estaciona em frente a La Masía. O cozinheiro Redondo tira a massa da água fervendo, enquanto Josefina Brazales se queixa do alvoroço causado pelo vaivém de cadeiras e vozes altas entre as mesas. Outras duas regras dentro do refeitório: todos devem se comportar educadamente e ninguém pode falar ao celular. Se ainda fosse adolescente, Messi teria que desligar o BlackBerry que hoje o conecta com o mundo.

— Há dias em que os garotos chegam muito agitados e deixam a comida cair no chão — diz a funcionária. — O primeiro que eu vejo fazer isso, faço varrer o refeitório.

— E Messi teve que varrer alguma vez?

— Nunca — sorri. — Eu me lembraria.

Depois, repete a mesma coisa que dizem todos os que conheceram o pequeno:

— Messi não se fazia notar.

À minha frente, os aspirantes a estrelas da La Masía riem, brincam e jogam pebolim como animais. A maioria fala com um sotaque que não é espanhol. Antes de Messi chegar às categorias de base do Barcelona, a quantidade de garotos estrangeiros que moravam aqui não superava 20%. Agora mais da metade dos garotos que Josefina Brazales atende é de imigrantes. "A origem do homem e o futuro do futebol estão na África", diz Juan Villoro em seu livro *Dios es redondo* (Deus é redondo), e La Masía abre suas portas para viver o futuro. A maioria dos estrangeiros é de Camarões, na África. Eles chegaram graças a um convênio que o clube fez com a escola de futebol criada por um ex-atacante do Barça, o camaronês Samuel Eto'o. A funcionária fica sensibilizada pelo fato de ser chamada de "mamãe" pelos alunos, pois sabe que eles só podem se comunicar com suas mães por telefone ou por e-mail.

O FC Barcelona compromete-se a dar educação e proteger os menores. As cifras do mercado do futebol indicam que cerca de vinte mil jogadores de futebol africanos ficaram perdidos e sem documentação na Europa quando os clubes que os trouxeram encerraram seus contratos. Por isso, a FIFA proíbe transferências internacionais de menores de 18 anos, permitindo apenas três exceções: se os pais dos jogadores — como os de Messi — se mudam para o país onde o filho vai jogar; se a transferência é efetuada dentro do território da União Europeia ou do Espaço Econômico Europeu; ou se o domicílio do jogador, no país vizinho, está a cem quilômetros do clube que o recebe. Na La Masía, o jogador mais novo chegou de Camarões e tem 11 anos. É mimado pelos funcionários, que o chamam de "Cámara". Como seus companheiros, e diferentemente de Leo Messi, o garoto chegou a Barcelona sem os pais. Dessa forma, em 2007 o FC Barcelona ganhou o prêmio Fair Play da FIFA, pela melhor representação do jogo limpo, concedido desde 1978. Em parte era um reconhecimento a uma atitude pública sem precedentes. Seis meses antes, o clube havia se comprometido, mediante contrato, a doar para a Unicef 1,5 milhão de euros anuais durante cinco temporadas, além de colocar sua publicidade na parte da frente da camisa do seu time principal.

Lionel Messi simboliza o sucesso da estratégia do Barça para melhorar sua fonte de jogadores, mas a maioria dos jogadores não tem a mesma sorte.

— Investir nos garotos é um bom negócio — diz o professor Bonastre. — Quanto custa no mercado o elenco que o Barça tem hoje?

Bonastre sabe que fomentar a formação no futebol é algo que dá frutos a longo prazo. Um negócio entendido como investimento parcelado. O Barça inaugurou em 2011 um novo edifício de cinco andares na Cidade do Esporte para substituir a antiga La Masía e, em dez anos, investiu 137 milhões de euros na formação de centenas de meninos. Hoje em dia, se um clube quisesse comprar somente o Messi pagaria 250 milhões de euros. O mesmo valor que se paga em Hollywood para produzir um filme com efeitos especiais. O que o clube não pode fazer, de acordo com o professor, é trazer um garoto, não lhe dar educação e, depois de dois anos, dizer aos seus pais que ele não serve como jogador.

Messi deixou de frequentar a La Masía como costumam fazer somente os garotos prodígios, isto é, antes da hora. Tinha 16 anos quando debutou no time principal do Barça. Bonastre diz que apenas 30% dos adolescentes que passam pela La Masía conseguem trabalhar no mundo do esporte. São treinadores, fisioterapeutas, aspirantes a diretores técnicos. Somente dois entre cada vinte garotos chegam a ser do primeiro do time, e outra minoria se torna jogador de futebol. Messi, que Josefina recorda como um adolescente imperceptível, estreou na equipe principal em novembro de 2003, em uma partida amistosa contra o time do Porto. Frank Rijkaard o convocou, e Pulga foi a estrela convidada para a inauguração do Estádio do Dragão. Em mais de cem anos de história do clube, houve somente dois jogadores que superaram a estreia de

Messi em precocidade: Paulino Alcántara, em 1912, e o nigeriano Haruna Babangida, convocado pelo técnico Louis van Gaal, no final dos anos 1990. Depois de estrear, Messi decidiu despedir-se da velha casa de adolescentes sem que ninguém lhe pedisse isso.

— Sentou-se na minha sala e disse que queria me dizer uma coisa.

— O quê? — pergunto a Bonastre.

O professor de informática não se lembra.

—Acho que queria que eu perguntasse alguma coisa para ele. Talvez seja sua maneira de agradecer, não?

Para Bonastre, o silêncio de seu aluno mais famoso era uma forma de reconhecimento. Para Verón, ao contrário, não há mensagem eletrônica de Messi que apague uma lembrança ruim: a de ter passado sua última copa com o melhor jogador do mundo sem os seus gols. Maradona havia confiado em sua influência de meio-campista experiente, mas o campeonato acabou com um Messi solitário e sem pontaria.

— Eu não sei o que ele esperava de mim — diz Verón, referindo-se a Maradona. — Talvez um apoio, algumas palavras, porque eu conheço o Leo.

Diz isso com o tom de um pai dedicado, cujo esforço em educar seu filho não foi suficiente. Também é o tom do jogador que, a ponto de se retirar dos gramados, tem pouco a ganhar ou a perder.

Na tela de seu BlackBerry, Messi está sorridente e encolhido com seu cachorro no conforto de seu sofá.

Para o professor de informática, Messi nunca enviou um e-mail nem uma mensagem telefônica.

Na Argentina, Verón lhe envia um último SMS.

— No final de semana, você falhou novamente.

Verón continua usando a técnica da provocação, talvez para comprovar que seu poder de liderança ainda funciona. Na verdade, Messi não falhara, pois havia feito gols no Copenhague. O volante só queria fazê-lo reagir.

— Sim, estou com sorte — responde como se tudo que ele fizesse fosse casual.

Verón sorri e usa um dos alegres *emoticons* dos *chats*, e seu telefone outra vez fica em silêncio. Talvez Messi esteja pensando em alguma coisa a mais para acrescentar, ou simplesmente tenha decidido cortar a comunicação. Sempre é difícil encontrar uma palavra simpática na hora de dar adeus e, para um garoto que nunca sabe o que dizer, e quando diz alguma coisa ninguém se lembra exatamente o que foi que falou, os códigos do *chat* devem ser o sistema ideal para sair sem se despedir.

3

Lionel Messi não é uma fábrica de boatos, porém, entre os publicitários, circulam histórias sobre as estrelas com as quais eles têm que se deparar. O argentino tem a estranha fama de ser uma celebridade que se comporta como um empregado a mais da equipe de produção. Na gravação de um anúncio das sobremesas de baunilha da Danone, o número 10 dividia o papel de protagonista com David Villa, atacante do Barcelona e da seleção espanhola. Ambos deveriam chutar as bolas e falar diante das câmeras. Villa escutava com atenção cada detalhe que o diretor lhe explicava. Demorou duas horas a mais que o argentino para terminar suas tomadas. Haviam preparado um quarto privado para Messi, mas ele não quis utilizar e trocou de camisa ao ar livre. Em quatro horas de filmagem, fez uma única pergunta para uma assistente.

— Posso sentar?

No dia da filmagem em que é a única estrela de um anúncio de televisão para vender chuteiras de futebol, o diretor de criação decide começar as gravações no Estádio Olímpico de Barcelona por uma cena com menos ação: Messi continua mancando. E diz que, ao final do dia, ensaiará com ele as tomadas com as bolas de futebol. O ator Messi deve caminhar até o fim do túnel, que une o vestiário ao campo, e simular o momento em que o público comemora sua entrada no campo. O cenário pouco iluminado parece um túnel do tempo. Está com o uniforme azul-celeste e branco da seleção argentina, as cores que vestiu pela primeira vez aos 17 anos, quando, em seu país, era um completo desconhecido. Hoje, nas arquibancadas de concreto, que aparecem acima da sua cabeça, um grupo com atores e assistentes está pronto para representar uma torcida eufórica que o encoraja. Messi é um surdo que olha para eles.

—Você vem caminhando normalmente — indica o diretor —, como na hora em que você entra no campo, mas levanta a cabeça — o corrige.

A ideia era que Messi atuasse diante da câmera com uma fisionomia concentrada e porte altivo, como alguém sem medo de provocar uma briga.

—A câmera seguirá você de frente — diz o diretor. — Está certo?

A escassez de palavras cria a incerteza para quem espera que diga algo mais. O diretor do anúncio duvidava de que o jogador estivesse entendendo suas indicações. Messi só quer escutar a voz que lhe dirá "ação". Sua verticalidade no campo é uma linha reta que estende para o resto de sua vida. Para fazer um gol ou acabar de gravar um *spot* publicitário, escolhe o caminho mais direto. Conversar com as pessoas que cruzam com ele é um trabalho extra que o esgota.

Leo Messi era uma pulga que não era parasita. Costumava levar a bola grudada no pé e esquecer-se do resto do mundo até que fazia um gol. Somente então se reconciliava consigo. Fora do campo, sua timidez lhe impedia de dialogar. Quando chegou a Barcelona, Messi demorou mais de um ano para falar com os outros jogadores das categorias de base do clube. Respondia com monossílabos. Comunicava-se em voz baixa e com apenas um dos companheiros. Messi e Rafael Blázquez eram inseparáveis. Durante quatro anos, compartilharam o regime da La Masía do Barça. Sentavam-se juntos nas aulas do colégio, almoçavam a mesma dieta equilibrada e disputavam a mesma posição no time. Messi passava as noites no apartamento onde vivia com seu pai. Blázquez, por sua vez, dormia na La Masía, onde compartilhava o quarto com outros dois garotos. À tarde, Messi se deitava na cama do seu amigo para dormir. Não queria usar a cama dos outros.

— Ele tinha vergonha de desarrumar os lençóis dos meus colegas de quarto — disse Blázquez.

Messi era novo e tinha que passar por uma prova no primeiro dia de treino. Pediram a Blázquez e a outros três jogadores que fizessem uma marcação pessoal. Eles deveriam tirar a bola do melhor jogador do futuro. Eles davam-lhe chutes, e Messi não caía. Era um garoto robusto que não escondia sua timidez.

— Deixava comida na hora do almoço — comentou Blázquez. — Pedia que eu o esperasse, pois não queria ficar com pessoas que não conhecia.

O velocíssimo Messi comia lentamente. Como todo prodígio, seu desenvolvimento foi uma busca desigual para tentar nivelar a maturidade, com a qual deslumbra a todos em campo, e a aparente submissão que, às vezes, demonstra fora dele.

Messi teve que provar em menos de cinco anos que conseguia se adaptar a uma mudança de país, a um clube novo e a uma seleção nacional que havia sido campeã mundial duas vezes. Quando chegou à Espanha, não só se viu obrigado a se adaptar às rigorosas normas de comportamento da La Masía como também a terminar os estudos básicos. Tinha que fazer gols e ser aprovado em matemática.

Para Messi, até lembrar-se de levar seus livros para a escola era um grande esforço. Estudar exigia dele um malabarismo muito maior do que dominar a bola. Frequentava o colégio León XIII, onde tinha que aprender catalão, e a professora Maribel Pascual lhe dava aulas de francês. Ela foi sua coordenadora de estudos. O argentino havia chegado ao colégio acompanhado por seus pais e sua irmã. Naquela época, Jorge Messi e Celia Cuccittini ainda pensavam em viver em Barcelona. Queriam conhecer as salas onde seu filho com frequência ficaria dormindo e onde jamais obteria o diploma.

— Eram pessoas muito educadas — disse-me a professora de francês. — Queriam saber sobre os planos de estudos do filho.

Maribel Pascual fala com um tom amável, porém severo, que se acentua com o barulho de metal das pulseiras que usa no pulso direito. Dedicou metade da vida a dar aulas nas salas onde Messi estudou durante quatro anos. Há meio século, o colégio León XIII recebe esportistas de elite que precisam adaptar seus estudos aos horários de treinamento. O edifício tem majestosas escadas de madeira e colunas na porta de entrada que lhe conferem um aspecto sacro. A missão de Pascual é fazer com que os adolescentes estudem, embora saiba que eles acreditam que a Terra é redonda só por causa do futebol.

— Sempre se sentava no fundo da classe — disse a professora —, mas eu o colocava para frente.

Seu amigo Rafael Blázquez não se lembra se Messi foi aprovado em algum dos exames. A professora Pascual também não, e ela nem sabia que, anteriormente, já haviam recomendado aos seus pais que o levassem a um psicólogo. Ela também mudou o rumo dos alunos de sua escola.

— Quando uma coisa não te interessa, não há o que fazer — disse Pascual, resignada. — Eu conversava bastante com ele. Era um garoto com um coração bom. Não tinha segundas intenções, nem era artificial.

Sua professora do primário, Mónica Dómina, lembra dele como um líder silencioso.

— Eu nunca o vi como líder — me disse Pascual. — Messi deixava-se levar; quando alguém fazia alguma travessura, ele nunca era o responsável, simplesmente participava.

Agora Lionel Messi posa imperturbável diante das câmeras de televisão.

Quando era criança, todos se lembram dele como alguém invisível ou em câmera lenta.

Blázquez o viu dormir, das nove às onze horas, sobre sua carteira na hora da aula.

O cozinheiro da La Masía continua vendo Messi chegar por último na mesa do almoço.

O professor de informática o descreve como um menino apático.

A professora de francês resume Messi como o garoto que nunca fazia nada.

Verón se lembra dele lutando para sair da cama na concentração da Copa.

Uma vida sem bola é um lugar entediante para o gênio do futebol. É difícil para ele realizar as ações mais cotidianas. Algumas horas antes de nascer, o médico disse à sua mãe que tinha que acelerar o parto, o bebê Messi tinha as pulsações muito lentas e, provavelmente, estava enrolado no cordão umbilical. Durante o primário, devido à sua estatura, sempre foi o primeiro da fila. Aos 15 anos, Messi começava a deixar seu tratamento hormonal para crescer, e os treinadores do Barça desenvolveram para ele um programa de preparação física. Em um relatório feito no fim de junho de 2002 se lê: "Foi o jogador que teve menos participação neste trabalho — dizem os treinadores. Faltou a doze sessões por problemas decorrentes das férias de Natal e de uma doença. Quando pôde trabalhar, fez tudo à sombra de seus companheiros, sem nenhum tipo de iniciativa, mas de forma correta". Sua primeira aparição em público é uma terna homenagem à sua lentidão: em um evento da escola primária, a professora decidiu vestir as crianças com fantasias, que se relacionavam com as suas personalidades. Messi entrou em cena disfarçado de caracol.

Duas décadas depois, esse garoto que todos recordam por sua lentidão é o primeiro.

Na tarde de 2010, dentro do Estádio Olímpico de Barcelona, Messi caminha com o queixo erguido, a testa franzida, uma câmera o acompanha enquanto avança pelo túnel que o conduz ao campo. Vai sendo coberto por papeizinhos coloridos que caem como chuva e deslizam sobre sua camisa-azul celeste e branca. O diretor ordena que cortem, e Messi volta a ser o garoto que nunca fazia nada. Fica em silêncio.

— Que chuteira boa! — diz seu irmão mais velho, que o acompanha. — Estas são para mim.

Rodrigo — único dos irmãos que ficou para acompanhar o Pulga em seus primeiros anos em Barcelona — dirige-se a um assistente de produção para lhe pedir um par de chuteiras Adidas que achou em uma caixa.

— São amostras, eles ainda não estão fabricando — responde o assistente contrariado.

O silêncio incômodo, novamente, parece aumentar de volume.

Messi contempla a cena sem dizer nada. Deixa escapar um sorriso cúmplice de menino que continua se divertindo com os colegas mais bagunceiros. Em uma época em que talentosos e medíocres desejam chamar a atenção, Messi age como um garoto calado que não renuncia à diversão. Às vezes, perde a noção de sua responsabilidade. No dia em que o Barça ganhou a Liga em 2011, o piloto do avião que levava o time de volta para Barcelona chamou a atenção dos jogadores pelo alto-falante. Em pleno voo, quando todos comemoravam, um alarme disparou na cabine de controle, porque uma das portas do avião estava a ponto de abrir. Ninguém soube o que aconteceu, até que um vídeo começou a circular na internet. No meio de músicas e brindes com champanhe catalão, pode-se ver uma mão puxando o cabo de uma das saídas de emergência e depois aparece uma cabeça no meio das poltronas. Messi não tinha consciência do perigo em abrir uma porta a dez mil metros de altura, mas queria comprovar se alguém estava olhando.

— Nós vamos mandar entregar um par na sua casa — diz um assistente a Rodrigo Messi, referindo-se às chuteiras que ele gostou.

Leo Messi mexe a cabeça em sinal de aprovação. Não se aproximou da mesa do bufê que haviam preparado para ele, caso tivesse fome durante a filmagem, mas gostou de ver que seu irmão ganhou as chuteiras que queria.

A verticalidade de Messi para chegar o quanto antes ao gol parece estar sempre acompanhada de um senso particular de lealdade. Aos 23 anos, continua conectado aos seus amigos da adolescência, que, de acordo com sua professora de francês, eram más companhias. Um dia, ligou para seu amigo Rafael Blázquez para perguntar onde poderia encontrar um veterinário.

Messi costuma se encarregar pessoalmente das coisas que lhe interessam e, dessa vez, não podia resolver com um SMS.

— Leo me disse que sua namorada desejava ter um cachorro — me contou Blázquez.

Havia comprado Facha, seu cachorro boxer, mas não sabia, até ser avisado, que era preciso cortar o rabo.

Blázquez atuou como um criado cuidadoso para que fosse feita a cirurgia no animal o quanto antes. Agora Messi posa com seu cachorro na foto do telefone que utiliza para interagir no *chat*. Já se passaram dez anos desde a época em que o amigo cedia sua cama para ele dormir à tarde, desde que o havia acompanhado para que não ficasse sozinho durante o almoço. Blázquez fora expulso da La Masía por ter brigado com um companheiro e não pôde continuar sua carreira esportiva. Atualmente, mora com sua família em Premià de Mar, cidade a vinte quilômetros de Barcelona, e dorme em um quarto com lembranças acumuladas durante o tempo que conviveu com o Pulga: fotos, camisas do clube, recortes de jornal, troféus. A imprensa que cobre o futebol infantil dizia que Blázquez era o Zidane da La Masía. Alto, elegante e chutava com as duas pernas. Tinha futuro. De Messi, falavam que era de outro planeta, e muito rápido começou a se distanciar de seus companheiros de time. Deixou de ver Blázquez quando tinham 17 anos, mas Messi nunca perdeu o contato. Envia-lhe de presente suas chuteiras, se preocupa sempre em atualizar seu novo número de telefone toda vez que muda e continua procurando-o para que o ajude em questões domésticas que, para ele, sempre foram difíceis de resolver. Quando recebeu a ligação com um pedido de assessoria veterinária, Rafael Blázquez começava um processo de recuperação para voltar a mexer as pernas. Havia sofrido um acidente de carro que o deixou inválido, e seus companheiros foram tentar animá-lo no hospital. Messi preferiu lembrá-lo da época em que precisava de sua amizade. Não procurou um veterinário nas páginas amarelas. Transformar-se em celebridade pressupõe distanciar-se de certos assuntos domésticos, e Messi pensou que seu amigo poderia ajudá-lo. Blázquez ainda sente que Leo Messi continua precisando dele.

O Pulga foi leal ao clube que lhe deu a oportunidade de sua vida e sente curiosidade por aqueles que são leais aos seus sentimentos, mesmo que seja um desconhecido. No final de 2010, um de seus fãs chegou a Rosário e ficou plantado na porta da sua casa. O garoto de 20 anos que se chama Albin Larsson tinha voado do seu país, a Suécia, para conhecer seu ídolo sem nenhuma certeza de que seria atendido. Messi o recebeu. Assinou um autógrafo e, poucas horas depois, a foto de Albin Larsson com Messi já dava a volta ao mundo.

Aqueles que o conhecem sabem que chegar até Messi é como um prêmio de paciência e perseverança. Uma noite, durante a Copa da África do Sul, alguns *paparazzi* montaram uma barreira com seus tripés e câmeras fotográficas. Queriam fotografar, de cima de um paredão, a intimidade da família Messi. Como o resto dos jogadores da seleção, Messi havia alugado uma casa em um bairro exclusivo de Pretoria, para descansar com sua família no único dia da semana que tinha livre. Ficava em frente às casas de Maradona e de Martín Palermo. A ideia dos *paparazzi* era tirar alguma foto de Messi caminhando pelo seu jardim ou, pelo menos, perto da porta, mas a invasão de sua intimidade não fazia mais do que piorar as coisas para os que esperavam uma ocasião para Messi atendê-los pessoalmente. Até que o celular de um jornalista vibrou.

"Quer entrar cinco minutos para vê-lo?", dizia um SMS.

Era o pai de Messi. Quem recebeu a mensagem foi Marcelo Sottile, repórter do jornal argentino *Olé*.

Quando o jornalista entrou na casa, Messi estava perto de uma lareira acesa e usava o moletom azul e branco da seleção argentina. Na sala, estavam seus três irmãos e sua namorada, Antonella Roccuzzo. Foi Matías Messi quem abriu a porta. Em uma televisão de plasma, estava passando a partida de futebol que o 10 não assistia. Tinha os olhos grudados no telefone celular que segurava nas mãos.

Sottile queria saber o que todos se perguntavam: por que o gênio do Barcelona não fazia gols na seleção argentina, que quase não se classificou para jogar na África do Sul.

— Não era eu nas eliminatórias — disse Messi naquela noite, como que se desculpando por seu baixo rendimento nas partidas eliminatórias que antecederam a copa.

— Doeria pensar que chegaria ao meu país e ouviria as pessoas dizerem que eu não sentia a camisa — acrescentou Messi.
— Depois viria a Barcelona, onde fazia tudo certo e as pessoas gostavam de mim.

— O que significa ser *eu mesmo* para Messi?
— Estar à vontade.

No dia seguinte, o jornalista publicou sua entrevista exclusiva e, com isso, Messi saldou uma dívida pendente. Meses antes, havia prometido a Sottile uma entrevista cancelada na última hora. Na África do Sul, Messi estava cumprindo sua promessa.

A lealdade é um ato de fé que, às vezes, não é correspondido. Messi arriscou-se dizendo não à seleção espanhola sem saber se seria convocado pela Argentina. No início de 2002, recebeu o passe internacional do Newell's Old Boys de Rosário e, nos meses seguintes, jogou em todas as categorias juvenis do Barça, passou para a terceira divisão e, depois, pelo Barça C. Sem que ele soubesse, os caçadores de talentos da seleção argentina começaram a observá-lo tanto com interesse como com preocupação. Messi foi descoberto quando tinha 16 anos e já havia recebido ofertas do Arsenal, da Inglaterra, e do Milan, da Itália. Os clubes europeus disputavam, além do seu talento futebolístico, a sua nacionalidade. Antes mesmo de aprovar sua naturalização, a Federação Espanhola de Futebol já o havia convocado para os treinos nas categorias de base.

— Quando soube que Leo poderia entrar para a seleção espanhola — disse-me José Pekerman —, fiquei desesperado.

Pekerman, ex-diretor técnico das seleções juvenis e principal da Argentina, era assessor futebolístico no clube Leganés, de Madri, e avisou a Argentina que Messi estava prestes a ser convocado pela seleção da Espanha. As leis da FIFA determinam que, se um jogador entrar em campo representando um país, não poderá posteriormente jogar por outro. O que Pekerman não sabia era que o 10 nunca quis jogar em outra seleção que não fosse a azul--celeste e branca.

— A família de Leo — disse Fernando Hierro, ex-diretor esportivo da Federação Espanhola de Futebol — comunicou que seu filho preferia esperar.

Messi queria jogar pela Argentina, mas passaram-se cinco meses desde que a seleção da Espanha se propôs a convocá-lo até que recebesse o convite da federação de futebol do seu país. Era tão desconhecido que os dirigentes do futebol argentino não sabiam como se pronunciava seu nome e sobrenome. Na carta que enviaram ao FC Barcelona para pedir a cessão de Messi, referiram-se a ele como "Leonel Mecci".

A AFA, Associação de Futebol Argentino, havia reagido tarde e também de modo improvisado.

— Na última hora, armamos uma partida para que Messi estreasse — disse-me Hugo Tocalli, que naquela época era diretor técnico da seleção juvenil. — Inventamos a partida só para ele.

Um Messi adolescente estreou com a camisa azul-celeste e branca no campo do Argentinos Juniors, clube sediado em Buenos Aires. Foi no dia 29 de junho de 2004, em uma partida amistosa contra o Paraguai. Marcelo Roffé, psicólogo da seleção juvenil argentina, foi responsável por escolher o companheiro de quarto de Messi. Decidiu que seria Sergio Agüero, o atual genro de Maradona. Roffé via que Messi e Agüero viviam situações semelhantes: ambos estavam com 17 anos, enquanto todos no time tinham entre 18 e 19.

— Agüero estava contente — lembrou Roffé. — Era como se tivessem mandado ele dividir o quarto com Deus.

— E Messi?

— Messi fez uma carinha como se dissesse "por que você não me coloca com um peso pesado?".

Queria dividir o quarto com um jogador com mais experiência.

— Dissemos para confiar em nós, e ele entendeu — contou o psicólogo. — No final, os dois foram decisivos para que a Argentina fosse campeã do mundo.

Messi dividiu o quarto com o futuro genro de Maradona até que entrou para a seleção principal. Estreou em uma partida contra a Hungria em agosto de 2005, quando a equipe nacional da Argentina se preparava para o campeonato mundial. Tocou sua primeira bola, e o zagueiro húngaro Vilmos Vanczák puxou-o pela camisa. Messi tentou se soltar e foi expulso aos quarenta e sete segundos de jogo. Foi uma expulsão injusta, e todos viram Messi chorar.

— A seleção principal provoca um desejo exagerado por sucesso — me explicou Roffé. — Nos times juvenis, nunca se mencionou a palavra "campeão". Trabalhava-se meta após meta.

Como em Barcelona, na seleção juvenil da Argentina o sucesso pessoal é uma disciplina e uma diversão coletiva, com um objetivo mais próximo do ideal amador de se divertir jogando.

Na idade em que todos os seus colegas mudavam de hábitos como de camisa, Messi continuava preso às suas condutas da infância: a humildade, o silêncio, o sono da tarde.

O Pulga tinha 15 anos quando recebeu o patrocínio da Nike, 16 quando estreou em uma partida amistosa com a primeira equipe do Barcelona e, aos 17, foi o jogador mais jovem a fazer um gol na Liga Espanhola. Foi contra o Albacete em jogada com Ronaldinho, seu primeiro grande parceiro no Barça.

Enquanto seus colegas terminavam os estudos secundários, Maradona convidava Messi para seu programa de televisão.

Hoje, entre centenas de recordações, seu amigo Rafael Blázquez guarda as chuteiras Adidas modelo F50, número 40, bordadas com a bandeira argentina nas laterais, escrito "Leo 10" e "Messi 10". A confecção é especial no pé esquerdo por causa de uma lesão que Messi sofreu quando era criança.

Tem um buraco na parte de cima, onde fica o dedinho. Messi deu-lhe essas chuteiras em uma tarde em que Blázquez foi visitá-lo no treinamento. Fazia três anos que não o via.

— Ficou calado — disse-me Blázquez —, eu tinha que arrancar as palavras dele.

Naquele encontro Blázquez falou mais que Messi.

— Ele me disse que não se lembrava das aulas de francês.

Messi renunciou a tudo que não tinha a ver com o mundo da bola.

Na escola secundária, repetiu o segundo ano com seu colega Rafael Blázquez, e nenhum dos dois chegou a terminar os estudos.

— Propus que ele fizesse horários especiais para concluir os estudos — me disse a professora Pascual —, mas foi impossível. Leo não tinha disponibilidade de tempo.

Messi não voltou a falar com sua professora de francês. A última vez que viu seu amigo Rafael Blázquez foi em 2009, depois de uma partida do Barcelona contra o Real Madri. Blázquez esperou-o no estacionamento, com sua namorada, e Messi apareceu com a dele. Os quatro viajaram juntos no carro de Messi até a estação de Sants, onde seu amigo ia pegar o trem que o leva para sua casa em Premià de Mar.

— Por que não saímos um dia os quatro juntos? — propôs Blázquez.

Messi estava no volante. Olhou o amigo pelo retrovisor, mas não disse nada.

— Ele não sai — disse Antonella Roccuzzo. — A única coisa que sabe fazer é dormir.

Blázquez se lembra de Messi ser calado e generoso.

— Sempre chegava ao colégio com uma Sprite na mão e com moedas no bolso para pagar uma outra para seus amigos.

Ele adora refrigerante. O chiclete tinha que ser de menta.

— Leo sempre estava cheiroso — disse Blázquez. — Como uma criança que sempre está limpa.

No Estádio Olímpico de Barcelona, Messi parece um garoto cansado durante a tarde de 2010 em que deve simular a concentração antes de uma partida. Essa é a tomada seguinte do anúncio das chuteiras. Messi está sentado em um banco de madeira, olhando para as luzes à sua frente. A filmagem, dessa vez, é no vestiário, e ele não tem que forçar seu dolorido pé direito.

— O que você faz no vestiário antes de entrar em campo? — pergunta-lhe o diretor.

Messi não demora em responder.

— Masco chiclete.

O diretor queria repetir o clima dos preparativos que ocorrem no vestiário antes de uma partida. Agora prefere indicar-lhe outra ação.

— Fique sério e olhe para frente.

No monitor, Messi aparece em primeiro plano cercado de penumbra. Diante da câmera e com a luz sobre sua barba rala, de repente, adquire o aspecto de um gladiador antes de entrar na arena. O publicitário queria mostrá-lo como um herói que enfrenta o mundo. Na solidão do vestiário, sua imagem também poderia ser a de um garoto que foi distanciando-se de seus amigos até ficar sozinho diante das exigências do público.

4

Messi tem vergonha de ouvir os comentários de sua família e dos amigos quando transmitem as partidas na televisão e, por isso, prefere não assisti-las. Costuma se comportar como se fugisse de sua própria imagem, veste-se com roupa esporte de marca discreta e, embora mude de penteado duas ou três vezes por temporada, sua franja sempre volta a aparecer como quando ele tinha 7 anos. Faça o que fizer, volta sempre a ser o garoto desalinhado que usava a camisa por fora da calça. É a imagem de quem prefere se esquecer dos espelhos. Uma noite não pôde evitar e se deparou com um garoto que se apresentou como seu sósia oficial. Aconteceu após o fim de uma partida, quando entrou na sala VIP do Camp Nou. Entre atores, políticos e jornalistas que vão até lá para conhecer os jogadores, ele ficou diante de uma caricatura humana de si mesmo. Miguel Martínez, um catalão de 20 anos, cujo trabalho era recarregar máquinas de cigarro nos bares, passou a atuar como dublê de Messi em anúncios de refrigerantes, telefones celulares, companhias aéreas e até no *spot* de um buscador da internet na China onde o Google é censurado.

Ele disse a Messi que era seu dublê de corpo e queria conhecê-lo.

— Queria contar para ele como as pessoas reagem quando me veem — disse o dublê para mim em uma manhã em sua casa. — As coisas que me falam na rua.

O dublê tem o nariz mais curvo e maior, além de ser cinco centímetros mais alto do que Messi, mas anda do mesmo modo despreocupado e chuta a bola com o pé esquerdo. Quando o viu, Messi fez uma cara de surpresa e incômodo.

— Não vi entusiasmo nele. Isso me fez recuar.

Durante 2010, Lionel Messi foi um candidato à clonagem. Quando o elegeram melhor jogador do mundo, converteu-se em um chamariz perfeito para vender qualquer produto, e sua imagem foi divulgada exaustivamente nas telas de televisão e da internet. Em um dos *spots* publicitários que seu sósia guarda no telefone celular, há uma cena em que Messi aparece com os cabelos molhados cabeceando violentamente uma bola. As gotas de água saltam com efeito contraluz em câmera lenta. O falso Messi aperta o *pause* na metade dessa ação e diz que esse é ele. Há tomadas que exigem tamanha precisão que só o verdadeiro Messi consegue, mas a superestrela do futebol não iria arriscar sua saúde com a cabeça molhada em uma cena noturna. No seu lugar entra o sósia que chega a cobrar até 12 mil euros para fazer isso.

Às vezes, aparecia de modo inesperado. Em uma manhã, uma multidão viu Messi descer do céu de Londres em um helicóptero para aterrissar em Hackney Marshes, do lado oeste da cidade. Alguns garotos que batiam bola por ali correram até o ídolo assim que o viram. Messi jogou um pouco com eles e depois entrou em um carro para ir ao mercado de Hanbury, mais conhecido entres os londrinos como Spitalfields Market, uma grande área comercial com lojas de grife, produtos orgânicos e restaurantes indianos da moda. Todo o percurso fazia parte da campanha publicitária. Messi ia apresentar um modelo novo de chuteiras, e o show promocional chamava-se *Catch him if you can* (Agarre-o se puder). Consistia em que seus fãs corressem para ganhar das mãos do camisa 10 em pessoa um par de chuteiras, mas quem não chegou a tempo foi o próprio jogador. As complicações do tráfego atrasaram sua escala no terceiro ponto do roteiro onde deveria estar. Em Trafalgar Gardens, os jardins do município de Tower Hamlets, alguns fãs insistiram em esperá-lo, mas Messi estava cansado, pois tinha se deslocado o dia todo de um lado para o outro da cidade. Ao chegar, não se preocupou em se aproximar deles. Seus seguidores puderam ver o ídolo apenas por trás das janelas do carro. Nesse dia, o sósia dele não estava lá para substituí-lo.

A vida útil de um jogador de futebol não ultrapassa vinte anos, e a ilusão de ter um Messi duplicado não é somente dos fãs e dos publicitários. A indústria do futebol, assim como o mundo da moda, procura por réplicas. Ansiosos para ver os garotos nas peladas argentinas, os especialistas da tecnologia do futebol catalão não esperam que um novo gênio chegue pela mão de intermediários ou de seus pais. Se foi na Argentina que surgiram astros do futebol mundial como Di Stéfano, Maradona e Messi, a lógica indica que o craque do futuro pode ter a mesma origem.

O FC Barcelona cruzou o Atlântico para procurar o jogador do futuro.

— A imagem de Messi fomentou esse projeto — me disse Jorge Raffo, um ex-jogador do Boca Juniors cuja missão é encontrar o novo Messi.

O treinador usa o escudo do Barça, bordado em sua camisa, e é o diretor esportivo do Futebol Clube Barcelona Juniors Luján, uma sucursal da La Masía do Barça que funciona em Buenos Aires. Seu centro esportivo oferece treinamento e pensão para jogadores menores de 16 anos. Fica na antiga sede La Candela, do Boca Juniors, localizada na periferia sudoeste da cidade, em San Justo. O grande desafio de Raffo é reproduzir o modelo do FC Barcelona em uma paisagem de casas baixas, cachorros magros, fumaça de caminhões, oficinas mecânicas e buracos profundos nas ruas de terra. Barcelona é um horizonte distante.

Quando Messi partiu para o Barça, a Argentina estava a ponto de mergulhar na pior e mais longa crise financeira de sua história recente. A igualdade cambial entre o dólar e o peso havia desaparecido, o governo restringiu a quantia dos saques de dinheiro dos bancos e o país teve cinco presidentes em um único mês. Uma das consequências foi a suspensão de alguns serviços do Estado, como, por exemplo, o fornecimento, por meio de instituições sociais, das doses de somatotropina sintética, remédio que Messi necessitava para crescer. Seu pai teve de recorrer aos clubes de futebol para que o filho não interrompesse o tratamento. O Newell's Old Boys colaborou somente por dois meses e o River Plate negou-lhe apoio. O Barça é o clube que Messi diz que nunca deixará.

Há cinco anos, Raffo está em busca de outro diamante bruto em um país onde o futebol continua sendo uma chance de escapar da pobreza.

No dia em que eu viajava para a La Masía de Buenos Aires, os jornais anunciavam que a carne e a gasolina haviam aumentado mais de 10%. O sindicato dos caminhoneiros organizaram uma mobilização que paralisou o tráfego e acabou com um manifestante morto pela polícia. O futebol ajuda a esquecer de tudo, pelo menos durante noventa minutos, e a La Masía de Buenos Aires é uma ilha artificial no meio da tempestade. O centro de treinamento fica atrás de um portão de aço, que se abre para um impecável cartão postal, com um chalé de estilo inglês rodeado por campos e o gramado recém-cortado, vestiários com especialistas em cinesiologia e um restaurante com cardápio elaborado por um nutricionista. Em um edifício separado, ficam os quartos dos adolescentes com televisão privativa, e todos os dias eles repetem uma rotina semelhante à conhecida por Messi em Barcelona.

— Messi sofreu com a distância do seu país — disse Raffo, enquanto me mostrava o lugar. — Nós queremos evitar que os outros garotos passem pelo mesmo sofrimento.

O treinador acredita que os adolescentes devem passar por um processo de adaptação antes de se candidatarem a viajar para a Espanha; por isso, a vida na La Masía argentina se desenvolve como uma espécie de simulação das rotinas do Barça. Os aspirantes a Messi se levantam às seis da manhã, vão ao colégio, comem na La Masía e, de tarde, formam grupos dentro do campo. Tocam a bola sempre de frente, procuram executar passes seguros, como os de Messi, e assistem às aulas de reforço escolar. Todo dia 11 de setembro comemoram a *Diada Nacional de Catalunya*[7] e cantam *Els Segadors*, o hino oficial catalão. Incorporar o modelo catalão a quinze mil quilômetros de distância não é somente um automatismo esportivo. O diretor da La Masía de Buenos Aires comanda duzentos adolescentes, que chegaram de bairros pobres de vinte províncias argentinas. A maioria nunca tinha visto uma cidade grande.

O jogador mais novo tem 9 anos. Cerca de quarenta deles vivem na La Masía, e outros cento e cinquenta vão e voltam para as suas casas. Todos sabem que não basta apenas serem jogadores disciplinados: também precisam aprender a negociar seu futuro.

— Nós lutamos impiedosamente contra os representantes e empresários — assegurou Raffo. — Acreditamos que um garoto não precisa disso até ser maior de idade.

O representante de todos, no momento, é o próprio FC Barcelona. Os adolescentes estão sujeitos ao mesmo acordo econômico oferecido pela La Masía catalã: assinam um contrato avalizado por seus pais. Raffo resume dessa forma: o Barça é dono dos seus direitos federativos e também dos econômicos, dos quais retém

---

[7] A *Diada Nacional de Catalunya,* ou simplesmente *Diada,* é a festa oficial da comunidade catalã na qual se celebra a queda de Barcelona nas mãos das tropas borbônicas a mando do duque de Berwick, durante a Guerra da Sucessão Espanhola, no ano de 1714. (N.T.)

cerca de 50% no caso de venda para outro clube. Em troca, eles recebem formação, alojamento e a possibilidade de entrar para o melhor time do mundo.

Para os garotos da La Masía portenha, Messi é um exemplo que assistem pela televisão. Sua foto está pregada no final da escada que conduz aos seus quartos. Na imagem, alguns deles posam com o supercraque. Todo ano, o FC Barcelona escolhe dez jogadores dessa sucursal em Buenos Aires para viajar e treinar no centro esportivo do Camp Nou. Em nenhuma dessas viagens os meninos puderam conhecer o ídolo, nem tirar fotos ao seu lado. Como consolo, deixaram que eles tirassem fotos com um Messi de papelão na entrada da loja de *souvenirs* do estádio. O sósia do argentino serve para que os turistas possam brincar com seus amigos contando que conheceram Messi. Os jogadores adolescentes, ao contrário, não brincam. Nenhum deles diz, antes que alguém pergunte, que o Messi da foto não é o real.

Em quase cinco anos de trabalho na La Masía de Buenos Aires, somente um jogador foi escolhido para ir morar na matriz de Barcelona: Maximiliano Rolón é o mais próximo a Messi que encontraram. Tem 15 anos, também nasceu em Rosário e não tem sósia, apenas um irmão gêmeo que passou pela La Masía portenha com menos sorte que ele. O gêmeo menos afortunado não chegou à Espanha e foi vendido para o clube argentino Vélez Sarsfield. Os jogadores que o Barça descarta são transferidos para equipes locais. Maximiliano Rolón teve que se separar de seu irmão gêmeo para superar a prova mais difícil com a qual se deparam os adolescentes que conseguem dar o grande salto para o futebol europeu: despedir-se de sua família.

— O garoto está sozinho — lembrou Raffo.

Messi foi acompanhado pelo pai que ficou com ele em Barcelona. Maximiliano Rolón aterrissou em um limbo similar ao de milhões de imigrantes. Qualquer argentino com visto de turista pode ficar por três meses na Espanha, e a La Masía do Barça aproveita essa oportunidade legal para experimentar no campo o garoto que poderá ser o novo Messi. Há menores que são testados por outros clubes sem nenhuma garantia. De acordo com a Uefa, a União das Federações Europeias de Futebol, cinco mil garotos estrangeiros acabaram perambulando pela Itália, depois de terem chegado para começar a carreira como jogadores, e cerca de mil talentos, originários do Brasil e da Argentina, todos os anos, perdem o contato com seus pais após viajarem à Europa com a promessa de um contrato. Segundo os registros do departamento de imigração espanhol, Rolón é um turista que entrou no país como se tivesse ido visitar seus tios, mas, na verdade, tinha cruzado o oceano para enfrentar o severo pai que é o FC Barcelona.

O preço de reproduzir a história de Messi sempre é alto. O Barça procura um clone do 10 na Argentina, mas os resultados obtidos após cinco anos de trabalho não foram os esperados. O presidente do clube visitou a La Masía portenha em meados de 2011, e a previsão era a de fechar a sucursal. O futebol é um negócio e, quando iniciaram o projeto na Argentina, os diretores não imaginaram que a relação custo-benefício seria tão desigual. Por falta de orçamento, a La Masía de Buenos Aires deveria fechar as portas. Talvez Maximiliano Rolón tenha sido não só o primeiro como também o último garoto da escola argentina que conseguiu chegar a Barcelona. Hoje continua jogando no clube, e seus companheiros com mais talento continuariam jogando nos clubes argentinos para os quais foram vendidos. Outros ficarão encalhados no meio do processo que Raffo chama de "período de adaptação". Todos sabem que não serão como seu ídolo, mesmo tendo a grande oportunidade.

Quem se deu bem na carreira foi o sósia de Messi. Na manhã em que me recebeu em sua casa, ele me apresentou uma garota com os cabelos tingidos de louro platinado, dizendo que só a conheceu por ser o sósia do 10. Como será que ela se sente no papel de namorada de Messi sem ser a verdadeira namorada de Messi?

No seu quarto, o clone guarda todos os modelos de camisas do FC Barcelona que usou desde que começou a atuar como dublê na Espanha. A cama dele está coberta com um edredom estampado com o escudo do Barça. Ele disse que sabe reproduzir de memória todas os trejeitos do gênio.

— Os cabelos eu não corto, porque os do Messi crescem em uma velocidade incrível.

Não muda seu visual enquanto não o contratam para gravar um anúncio publicitário. Às vezes, grupos de turistas estrangeiros também lhe pagam para ser guia no Camp Nou. Quando lhe pedem autógrafos, Miguel Martínez assina com a marca registrada de Messi: o M puxado que cobre o resto das letras do seu sobrenome, mas na parte inferior, onde a estrela costuma escrever "Leo", o sósia escreve seu nome verdadeiro.

— Para as pessoas mais velhas, falo que não sou o Messi — contou-me o sósia com tom escrupuloso —, mas, com as crianças, eu não digo a verdade, para não acabar com sua ilusão.

Às vezes, Leo Messi não quer ver sua própria imagem na televisão, mas seu sósia gosta de posar diante das câmeras. Os produtores publicitários pensaram imediatamente nele para atuar na campanha mais importante de 2010, a da chuteira laranja fluorescente, gravada no Estádio Olímpico de Barcelona. O sósia deveria correr levando uma bola nos pés, enquanto a câmera gravava da cintura para baixo. Seria um dublê de pernas em algumas tomadas, mas, na última hora, mudaram os planos.

— Messi não quer que Miguel Martínez seja seu dublê — me disse o diretor.

Igual a Messi, seu sósia também é um garoto simples, que mudou o patamar de sua vida por se parecer com o melhor jogador do mundo. Foi convidado para participar de programas de televisão, para dar sua opinião sobre futebol, e compareceu. Dá entrevistas a todos os jornalistas que se aproximam dele. Já faz tempo que seu perfil no Facebook chegou à marca de cinco mil amigos, e tem acesso às boates da moda com *open bar*. Celebrou seu último aniversário sorteando camisas do Messi em troca de bebidas em boates onde o 10 nunca vai.

— Seu sósia ficou muito popular — disse o diretor publicitário. — Messi não gostou disso.

Ele foi excluído das filmagens.

Tiveram que encontrar outro dublê de pernas.

Nenhum jogador de futebol espera ver seu sósia ultrapassando o limite de uma simples aproximação dos seus próprios gestos. O sósia de Zidane é um argentino, que se movimenta com a mesma elegância do 10 francês. O sósia de Maradona ergueu seus braços em atos públicos, fazendo-se passar pelo gênio original. O sósia espanhol de Beckham, que tem tatuagens iguais às dele, é mais jovem e musculoso que o autêntico. Para alguém como Messi, que evita ver sua própria imagem em uma tela, pode parecer simpático ver sua caricatura nos espelhos deformantes de um parque de diversões. Como na Disney, onde não importa se você tira uma foto abraçando um imigrante fantasiado de Mickey Mouse, para os fanáticos do futebol não importa sair em uma foto com um Messi que não é o autêntico. Sabem que talvez nunca cheguem a conhecer Messi pessoalmente e querem ficar o mais perto possível do craque. É o que acontece em um museu de cera com um mito do cinema. Os devotos exigem dos seus ídolos uma imagem inabalável para poder depositar neles suas ilusões e a fé. Messi não quer desiludir seus seguidores, embora ele seja um mito em construção. O jovem de 23 anos, que a indústria da moda e da bola pretendem clonar, ainda tenta modificar seu penteado infantil que resiste a desaparecer.

5

Lionel Messi se cansa quando o tratam como criança. Em poucos minutos, deve atuar na tomada mais importante do anúncio de chuteiras e, em seu rosto, surge a expressão entre incrédula e indignada, a mesma de quando apitam uma falta que ele não cometeu. Ergue as sobrancelhas, levanta o queixo e dá um estalo com a boca. Chegou mancando na gravação, mas a dor em seu pé direito não é o que angustia Messi no meio de uma tarde de 2010, e sim as palavras do diretor que se aproxima dele e diz alguma coisa. Estão no campo do Estádio Olímpico de Barcelona e cercados pela equipe técnica de filmagem. Messi está de mau humor.

— Pedi para ele apontar para a câmera e chutar.

Messi deve chutar a uma distância de mais de vinte metros. Os campos de futebol profissionais não são como os que conhecemos pela televisão. São enormes ao vivo, e parece ser impossível controlar a direção de uma bola nessas dimensões. O chute não é simples, Messi está com dor no pé e o diretor só quer se assegurar de que sua estrela fará bem essa cena. A câmera está presa no ângulo direito do gol, entre a trave lateral e o travessão.

— Perguntei se ele conseguiria fazê-lo — me diz o publicitário.

Essa pergunta foi o que aborreceu Messi.

Ele se sente incomodado com o fato de sentir que uma pessoa duvida de sua capacidade para fazer bem seu trabalho.

Não é a primeira vez que acontece algo do tipo.

Aos 17 anos, Messi entrou no mundo das câmeras e dos flashes. Seu pai explicou-lhe que já era hora de transformar sua imagem em um produto comercial e o levou a um restaurante próximo ao Camp Nou, onde eram esperados por um representante.

— Era uma criança — me disse Rodolfo Schinocca em um bar de Buenos Aires. — Lembro-me de que ele pediu um hambúrguer.

Naquela época, Messi já havia estreado no time principal do FC Barcelona, embora fosse reserva na seleção juvenil argentina. Schinocca era um administrador e ex-jogador do Boca Juniors que se comprometeu a investir tempo e dinheiro para posicionar Messi no mercado publicitário. O Pulga foi seu primeiro cliente.

— Confie em nosso filho — lembrou-se de ter ouvido do pai de Messi —, porque ele vai ser um grande jogador.

— Foi difícil vender a imagem dele? — perguntei.

— Tinha que reinventar o negócio — disse Schinocca. — Naquela época, a imagem do jogador de sucesso era David Beckham.

Messi era um adolescente com acne, e seu representante poderia ter tentado mudar sua imagem. O que fez, no entanto, foi reforçar seus traços adolescentes. Seus primeiros clientes foram McDonald's, a marca de batata frita Lay's, a Pepsi e a casa de eletrodomésticos portenha Garbarino, onde qualquer um poderia comprar os *video games* nos quais ele era viciado. Messi era um estranho na Argentina, mas seu representante decidiu começar a fazer os primeiros anúncios em seu país, em vez de comerciais na Espanha. O Pulga era então o menino de Rosário, que começava a triunfar no clube estrangeiro.

— Ele era muito humilde — contou Schinocca. — Sempre me dizia: "A única coisa que eu quero é ter uma casa em Barcelona e outra em Rosário".

Messi era tímido e tinha que atuar diante de uma câmera. Seu primeiro anúncio na televisão foi para promover um refrigerante. Foi gravado em um *set* de Munro, na província de Buenos Aires. Schinocca estava com ele. Filmavam em um campo de gramado irregular e, para ganhar confiança, o produtor o desafiou.

—Você não consegue chutar a bola direto no travessão, sem entrar no gol, para que ela volte.

A bola teria que dar três rebotes iguais.

— E ele conseguiu?

— Sim — disse Schinocca —, mas antes perguntou ao produtor: "O que nós vamos apostar?".

Messi tinha fé em si mesmo. Queria apostar alguma coisa.

Na época ainda morava sozinho com seu pai no apartamento que o clube alugava para ambos em Barcelona. A mãe e os irmãos andavam por Rosário com um Fiat Duna, e todos voavam na classe turística com passagens baratas e escalas em Roma, Londres e Rio de Janeiro. Demoravam mais de trinta horas para ir de Barcelona a Buenos Aires. Era a solução mais econômica para famílias numerosas. Entrar no mercado publicitário também significava começar a voar na primeira classe. Na sua primeira vez diante das câmeras, Messi aceitou o desafio de produtor: apostou vinte caixas de refrigerantes.

Ele só teria três chances.

— Na primeira vez — disse Schinocca — ele errou.

A bola deu dois rebotes, e Messi perdeu o controle.

Na segunda vez, deu catorze rebotes.

Na terceira vez, vinte.

Depois de ganhar vinte caixas de refrigerantes, Messi tinha que filmar sua primeira cena. Deveria receber a bola que viria do ar, saltar e chutar fazendo suas pernas cruzarem como se fossem tesouras. A bola tinha que bater em um ponto vermelho que o diretor do anúncio havia pintado no centro de um vidro. A ideia era que o vidro se estilhaçasse para demonstrar a força do impacto.

Schinocca recorda a cena, sentado em um bar de Buenos Aires.

— No primeiro chute a bola saiu torta. E um assistente que estava por perto comentou: "Não vamos acabar isso hoje".

Messi ficou ofendido com o comentário.

No segundo chute, ele estilhaçou o vidro.

O diretor disse que era o suficiente.

Messi pediu que colocassem outro vidro.

Tornou a quebrá-lo.

— Para ele, é uma ofensa ser desafiado com a bola.

Schinocca recordava-se de tudo, arqueando as sobrancelhas.

Seis anos depois, no campo de futebol do Estádio Olímpico de Barcelona, Messi volta a correr para chutar uma bola contra uma câmera.

Ouve-se um barulho de metal e vidros quebrados.

Messi fez a câmera voar com um chute. No *set* as pessoas riem.

O diretor tem que se corrigir ao pedir que ele repita a cena.

— Agora, por favor, mire para a câmera — diz —, mas não chute nela.

Messi ri por dentro. Não gosta que confundam o jogador genial com o garoto tímido que parece frágil fora do campo. Os publicitários não tinham certeza de que ele pudesse aguentar a dor do pé direito até o fim da filmagem. Achavam que, se explicassem detalhadamente cada cena, evitariam ter que repetir as tomadas e exigir dele mais do que suportaria.

Messi repete o chute no ângulo com a precisão de um laser, e a tomada fica pronta em menos de meia hora.

Ele está com a camisa da seleção argentina. O objetivo era fazer uma nova versão do gol que marcou em Buenos Aires contra a seleção da Espanha no campo do River Plate: em 2010, Messi entrou na grande área pela esquerda e, com delicadeza, chutou a bola por cima do goleiro. Foi um golaço. Os argentinos ganharam de 4 a 1. Como a produção do anúncio filmou a partida inteira, as gravações seriam usadas na propaganda das chuteiras, mas o diretor não se satisfez com sutileza do gol de Messi. Queria um chute menos delicado e mais potente; por isso, decidiu fazer do futebol real um filme fictício.

—Você consegue fazer embaixadinhas com uma chuteira? — pergunta o diretor para Messi logo depois.

A ideia é que a chuteira de cor laranja salte do peito de um pé para o outro e, depois do chute, esbarre na lente da câmera. O vídeo de Messi fazendo malabarismo com suas chuteiras seria postado na internet e compartilhado pelos usuários da web para circular e se tornar viral.

A única condição é que ele faça as embaixadinhas apenas com as meias nos pés.

—Você consegue fazer? — insiste o diretor.

Messi levanta a chuteira com a ponta do pé, mas, quando a sola de plástico bate no peito do seu pé direito, faz cara de dor.

—Vamos tentar outra vez?

— Não sei — sussurra. — Eles é que decidem.

Messi aponta para seu irmão e seu assessor de imagem que até o momento eram meros espectadores da filmagem.

O diretor, mais uma vez, afirmou que as protagonistas dessa história eram as chuteiras.

Messi tinha que ser um acrobata com dor no pé.

O relato televisivo não é a realidade. "A grande paixão do nosso tempo — diz Juan José Sebreli — não é o futebol, mas sim o futebol televisionado." Uma partida é sempre uma história contada por um diretor trabalhando para a massa de telespectadores. A final da Copa da África do Sul, por exemplo, foi vista no estádio de Johanesburgo por cerca de cem mil pessoas, enquanto quase um bilhão de espectadores assistiram à versão transmitida pelas câmeras de televisão, cujo principal protagonista é sempre quem está com a bola. No futebol televisionado não existem os tempos mortos. A maior parte dos admiradores de Messi o conhece somente por vê-lo na TV.

Naquela tarde de 2010, o diretor da propaganda não só pretendia montar uma narrativa audiovisual do gênio, que estamos acostumados a ver, como queria torná-lo um herói de quadrinhos.

— Se está com dor no pé — diz Rodrigo Messi —, ele não deve fazer.

O irmão mais velho manda Leo experimentar fazer malabarismos com outro objeto, porque a chuteira é muito dura.

Alguém aparece por trás das luzes brancas com uma bola de tênis.

Messi faz a bolinha de camurça saltar durante vinte segundos sem cair no chão e a chuta na direção da câmera.

Algumas semanas depois, essa tomada circularia em vídeo pela internet, mas, em vez de uma bola de tênis, Messi faria embaixadas com uma chuteira laranja fluorescente. Os produtores do vídeo substituíram a bola de tênis, usando tecnologia digital, e Messi apareceria como um malabarista de circo.

O Messi real, ao contrário, é um operário suado, que trabalha fazendo gols. Ao terminar essa tomada do anúncio de chuteiras, não usa o *trailer* que disponibilizaram para ele mudar de roupa. Troca de camisa na frente de toda a equipe de produção. Ao seu lado, a mesma garota loira vestida de secretária continua guardando em uma sacola a roupa que ele usou. Ela não faz mais nada. Em poucos minutos, vem outra tomada e, com a velocidade de um gandula, a loira guarda a camisa que o argentino acaba de tirar.

— Já aconteceu outras vezes — me diz o diretor. — Se outra pessoa leva as roupas, corremos o risco de que seja vendida no eBay.

O fetichismo dirigido a Messi é o ato de admiração mais íntimo de seus fãs e, embora o argentino tenha deixado de ser um ícone inocente e amador, seus seguidores continuam vendo o jogador com alma infantil. É o humor negro de adultos que antes não o reconheciam, mas se emocionavam vendo histórias de Walt Disney, e agora não têm vergonha de dizer que preferem um futebol de fantasias a um jogo viril de pernas fortes e chutes longos. Dentre os mais de dois mil objetos relacionados a Messi que são vendidos na internet, continuam existindo fotos nas quais ele é visto posando com Mickey Mouse. As chuteiras brancas, com as quais jogou na temporada de 2010, foram doadas por Messi para um museu catalão de brinquedos.

O talento precoce costuma ser rentável, e o Pulga começou a gerar cifras de seis dígitos quando ainda não tinha idade para dirigir. Em 2005, assinou um contrato com o FC Barcelona inédito para um garoto da sua idade. Ganharia o mesmo que hoje é pago a Carles Puyol, o experiente zagueiro do Barça e da seleção espanhola, ou ao goleiro Sergio Kun Agüero, quando jogava no Atlético de Madri: 5 milhões de euros anuais. O preço do talento futebolístico de Messi foi associado imediatamente ao valor de sua imagem. Um ano depois desse contrato com o Barça, duas marcas esportivas disputavam a exclusividade de patrocínio em um litígio que acabou nos tribunais. Depois de ter assinado com a Nike um pré-contrato de 100 mil euros, Messi recebeu outra oferta da Adidas, oferecendo-lhe quinze vezes mais. O argentino abriu um mercado adolescente que não existia anteriormente no negócio do futebol profissional. Pela primeira vez, as duas marcas esportivas disputavam um mesmo jogador, e ganhou a licitação que deu mais.

— Messi mudou quando começou a ganhar dinheiro? — perguntei ao seu representante.

— Ele nunca mudou — assegurou Schinocca. — Quando podia comprar uma Ferrari, comprou um Mini Cooper cinza.

Em seguida, reforçou:

— É claro que ele fazia coisas da sua idade. Dizia que depois do jogo queria sair com uma namorada e me perguntava onde poderia levá-la.

— Ele se dava bem com as garotas?

— Ser introvertido lhe permite aproximar-se mais das mulheres — disse Schinocca. — Leo transmite confiança.

Schinocca sorri como quem se lembra de uma piada. A malícia dos tímidos, como a de Leo Messi, é difícil de explicar em indiscrições.

Uma vez o Pulga tinha viajado para a Colômbia com seu representante para jogar com a seleção juvenil da Argentina. Seus pais estavam com ele. Era 2005. Em Pereira, disputavam o campeonato sul-americano. Messi era reserva e dividia o quarto com Sergio Agüero. Schinocca contou que, ao terminar uma coletiva de imprensa com os jogadores, uma repórter de televisão disse que queria conhecer Messi. Ela deixou o número do telefone.

— No dia seguinte, levei o telefone da moça para Leo no treinamento — continuou Schinocca —, e ele me disse que já tinha ficado com ela.

O agente soltou um sorriso cúmplice.

Messi passava despercebido quando não estava com a bola nos pés, mas demonstrou que por trás de sua timidez havia algo mais.

— Um dia, quando deu uma sumida — contou Schinocca —, sua mãe ligou para ele para saber o que havia acontecido.

Estava saindo com uma garota de Buenos Aires, que era estudante de cinema e trabalhava como produtora em um canal de televisão. Em vez de permanecer na concentração da seleção argentina, que se preparava para o Mundial da Alemanha, ele queria ficar com sua namorada antes de viajar para a Copa.

Era sua primeira vez com a seleção principal, e seus pais queriam mantê-lo de resguardo dentro de sua casa, em Rosário, mas Messi desapareceu do radar da família.

— A mãe dele ligou para mim nervosa — disse Schinocca. — Repetia que eu era o culpado por Leo ter escapado e por ter emprestado meu carro.

Messi estava escondido no hotel Intercontinental de Buenos Aires. Schinocca foi buscá-lo para levá-lo ao centro esportivo de Ezeiza, onde estavam concentrados seus companheiros da seleção.

Essa foi a última vez que Schinocca conversou com Messi pessoalmente.

Encontrou-o fazendo as malas e disse-lhe que não iria permitir que sua mãe o culpasse.

Messi disse para ele não dar importância.

Em menos de dois anos, o representante tinha vendido a imagem do argentino para as principais marcas de refrigerantes, batatas fritas, combustíveis, *fast-foods*, sobremesas e eletrodomésticos, além de ter negociado seu primeiro contrato milionário com o Barça. Schinocca conseguiu, como representante, o sucesso que não alcançou dentro do campo como jogador, mas a relação comercial acabou seis meses depois de Messi assinar o contrato com a Adidas, a marca esportiva com a qual o 10 gravaria o anúncio das chuteiras de futebol.

—Tivemos uma reunião em Buenos Aires — contou o pai de Messi referindo-se a Schinocca —, e eu disse para ele: "Paramos por aqui".

Quando Messi transformou seu sobrenome em marca comercial, Schinocca era um agente iniciante cheio de ambição. Os pais do craque não tinham experiência em transações futebolísticas. Assinaram um contrato de direitos comerciais, no qual a mãe de Messi ficou como diretora, e formaram uma sociedade em nome do agente. O acordo começou a quebrar quando Schinocca enviou um de seus empregados à casa dos Messi. Ele levava alguns documentos que os pais deveriam assinar. Naquele dia, Jorge Messi estava em Barcelona, mas sua mulher, Celia Cuccittini, assinou uma mudança de constituição da sociedade, escrita em inglês, por meio da qual Schinocca transferia para si a maior parte das ações do jogador. O pai de Messi seria, portanto, um sócio menor na representação do seu filho. Sentiu-se enganado e negou-se a cumprir o acordo. O representante moveu um processo.

— Se você me perguntar se eu pensava que Leo ia ganhar dez milhões, eu respondo que não — declarou Schinocca —, mas um milhão, sim.

O Pulga só queria ter uma casa em Rosário e outra em Barcelona. Hoje seus pais e o agente têm um processo por estelionato e uma disputa judicial milionária pendente.

Schinocca baixou a voz.

— Eu sei que não vou gerar outro jogador como Leo — disse com uma ponta de amargura. — Se ficar pensando nisso, teria que me jogar de um prédio.

Além de ser uma imagem publicitária, Leo Messi começou a se converter em um exemplo de benfeitor. Em 2010, aceitou ser embaixador da boa vontade da Unicef, criou com seu pai uma fundação que patrocina uma escola de futebol em Rosário, apoia projetos assistenciais para menores de idade e inaugurou um hospital especializado na cura do mal de Chagas. De vez em quando, na África e na América, o futebol tira da miséria garotos talentosos que se tornam milionários e fazem da caridade parte de sua carreira. Samuel Eto'o, ex-atacante do Barça, também inaugurou escolas de futebol em Camarões. O argentino Carlitos Tévez fez doações em Fuerte Apache, o bairro marginal de Buenos Aires em que cresceu. Ambos conservam o ricto entre severo e desafiante de quem sofreu para chegar aonde está. Leo Messi, por outro lado, sempre aparece sob uma auréola de bondade.

Agora Messi deve falar para uma câmera ligada. No Estádio Olímpico, a filmagem de um anúncio de chuteiras está prestes a acabar. Messi tira o uniforme da Argentina e coloca um agasalho de moletom azul por cima da sua camisa. Vão indicar o que ele deve dizer.

— Por favor — fala uma assistente —, olhe para a câmera e pergunte: "O que você seria se não fosse jogador de futebol?".

O diretor explica que a pergunta é para David Beckham. O jogador inglês vai estar na mesma propaganda. A ideia era que os dois protagonistas do *spot* dialogassem.

Messi fica quieto.

— Já temos a resposta de Beckham gravada — diz o diretor —, só precisamos da sua pergunta.

— Mas eu não quero saber o que Beckham seria.

O silêncio de Messi nem sempre significa que, para ele, tanto faz. Guardiola compreendeu isso em uma manhã de inverno de 2009, na Cidade do Esporte do Barcelona. O time estava pronto para treinar, e Messi não tinha se apresentado. Pensaram que estava doente. Depois souberam a verdade: dois dias antes, como Guardiola não tinha escalado Messi em uma partida contra o Sevilha, ele se ofendeu. O treinador queria poupá-lo para outro encontro mais importante da Liga dos Campeões. O que Guardiola não sabia é que o argentino não aceita ficar longe da bola. Somente no campo Messi se recusa a ser um ator secundário. Nunca interpreta um personagem que não seja ele próprio. Se não está de acordo com o roteiro, responde com um silêncio tenso. Guardiola não voltou a deixá-lo sem jogar e tirou do time os atacantes que disputavam sua posição, Ibrahimovic e Eto'o. Messi foi o artilheiro da Liga dos Campeões durante três temporadas. Seus gols também são uma forma de dar sua opinião com a boca fechada.

Na filmagem, durante a tarde de 2010, Messi se nega a falar com Beckham pela tela de uma televisão.

— É só uma parte da propaganda — insiste o diretor.

O assessor de imagem pede para terminar.

Nos meses seguintes, Leo Messi aparecerá na internet dominando o vaivém de uma chuteira laranja com os pés. Ninguém verá a faixa debaixo da meia. Mas agora ele anda com um ar abatido rumo à saída do Estádio Olímpico de Barcelona, onde é esperado pelo seu Porsche Cayenne. No rosto tem a mesma expressão do momento em que chegou ao *set* de gravação, sentindo dor no pé: uma estrela que cumprimenta os outros com a cabeça baixa, mas, dessa vez, caminha solto em direção à luz que invade o estádio e deixa que todos vejam que já não manca mais. Na fisionomia do diretor do anúncio, se nota uma suspeita amável. É o sorriso cúmplice de quem se sente vítima de um truque, e acha que o melhor jogador de futebol do mundo inventou uma torção no pé.

Terceira parte

2011

I

Na tarde de 10 de janeiro de 2011, Lionel Messi surge na entrada do hotel Hyatt de Zurique, achando que na premiação, marcada para a noite, será derrotado. No Palácio de Congressos da cidade, entregarão a Bola de Ouro para o melhor jogador de futebol do mundo, mas ele acreditava que o prêmio seria dado para um de seus companheiros do Barça que, no anterior, haviam ganhado o mundial. Apesar de ser um dos países com menos futebolistas do planeta, a Suíça também é o lugar onde, uma vez por ano, se premia o jogador de futebol mais criativo. O 10 chegou acompanhado por seu pai, sua mãe, seus tios, um dos seus primos e sua irmã, com os quais havia comemorado o Natal e o Ano-Novo na Argentina. Ele usa um *smoking* preto Dolce&Gabbana, com colete de quatro botões, paletó com lapela de cetim e uma gravata-borboleta com duas dobras ajustada no pescoço. Messi atravessa a sala de teto alto e paredes revestidas de madeira, para na frente de uma mesa com bebidas e embutidos típicos dos Alpes, prova um pouco de champanhe e acomoda-se em uma poltrona de couro cor de marfim. De uma hora para outra, no meio de mais de cinquenta pessoas da delegação do Barça, ele fica ali sentado como se estivesse sozinho. É a quarta vez que ele viaja a Zurique após ser indicado ao mesmo prêmio. Foi escolhido o número 1 da temporada anterior e ganhar novamente significaria entrar em uma lista formada somente por Johan Cruyff, o único jogador que ganhou uma Bola de Ouro, apesar de ter perdido o mundial no mesmo ano. Também corria o risco de entrar para a história como uma estrela cadente. Em sua rotina de sucessos, porém, Messi não quis repetir o mesmo modelo.

— Leo — interrompe um homem com sotaque argentino —, por que você colocou uma gravata borboleta?

Messi sorriu tocando o pescoço e lhe diz que quer mudar um pouco.

Uma limusine preta o aguarda na porta do hotel.

O tapete da Bola de Ouro foi, em alguns casos, uma via elegante para a retirada antecipada. Ronaldinho também foi o melhor jogador do mundo e, quando a ambição sorridente que o levou ao ponto mais alto de sua carreira desapareceu, começou sua decadência no Barça. Antes do surgimento de Wayne Rooney, a última grande esperança do futebol inglês era Michael Owen, que, em 2001, também foi considerado o melhor jogador, mas depois da festa desapareceu da mira dos caçadores de fortuna. Ronaldo, também chamado de Fenômeno, que aos 21 anos foi o jogador mais jovem a receber o prêmio, transformou sua trajetória de gênio em mais lesões do que gols e, mesmo assim, conseguiu receber a Bola de Ouro pela segunda vez. O peso da consagração precoce também pode matar a ambição, produzir rupturas de ligamentos e transformar ganhadores em estrelas cadentes. "É minha primeira morte", disse Ronaldo em 2011, quando pendurou as chuteiras. O futebol tem uma dramaticidade épica, mas, em Zurique, o argentino contempla a solenidade como quem assiste a um filme chato.

Messi continua sentado na entrada do hotel Hyatt, esperando que outros jogadores do Barça acabem de falar diante das câmeras de televisão. Ele olha para um canto para se esquivar com diplomacia dos seus fãs. Nunca, em mais de cem anos de história, o FC Barcelona recebeu tantos prêmios como nas últimas temporadas em que Messi foi titular e Guardiola treinador. Sete dos jogadores da seleção espanhola, a campeã do mundo que seria premiada como melhor time, eram também de seu clube, e o próprio Guardiola viajou indicado como melhor técnico. O veredito sobre o vencedor da Bola de Ouro, uma eleição com os votos de mais de quatrocentos e cinquenta especialistas — incluindo treinadores, técnicos e capitães de times nacionais, além de mais de noventa jornalistas do mundo —, é uma notícia digna de ser recebida com o distanciamento determinado pela etiqueta. Dessa vez em Zurique, Messi parece imune ao burburinho da solenidade, brincando de esconde-esconde com os fãs que burlaram a vigilância do hotel, ao lado de homens de terno, mulheres de salto alto que caminham com dificuldade e algumas crianças que dão ao evento o aspecto íntimo de um casamento ou de uma primeira comunhão. Os dois companheiros que também competem pela Bola de Ouro acompanham Messi em silêncio: Andrés Iniesta, cujos pais vieram de trem porque têm medo de voar, e o segundo capitão do Barça, Xavi Hernández, que se aproxima da poltrona marfim onde Messi está, dando-se conta de que o argentino continua sentado ali, sozinho com seu BlackBerry. Jogar futebol é uma maneira de continuar vivendo na infância. Messi encontrou a forma de voltar aos tempos de criança sem a bola e com um método infantil: usar o telefone como escudo diante de seus fãs no hotel.

Em uma tarde de novembro de 2010, Leo Messi enviou do seu Blackberry várias mensagens de texto a um amigo.

— Temos que organizar uma festa de fim de ano — dizia a primeira mensagem vinda de Barcelona.

A mensagem de Messi foi para Juan Cruz Leguizamón, ex-companheiro de time nas categorias inferiores do Newell's. Eles se conheceram quando tinham 6 anos, e ainda hoje permanece a amizade. O Pulga era artilheiro. Leguizamón, o goleiro, um dia me recebeu em sua casa de Rosário e, imediatamente, conectou-se com Messi pelo *chat* do seu BlackBerry. Queria que eu lesse a conversa.

— Quando chegar aí, eu te ligo — continuou Messi —, e nós organizamos tudo.

As mensagens entravam em seu BlackBerry com a melodia de uma harpa.

Juan Cruz Leguizamón tem a mesma idade de Messi, mas parecer ser mais velho. Está acostumado a dar ordens do gol, orientando o time, e isso combina com sua voz rouca, que mais parece a de cantor de *blues,* embora na cabeça ele use um matagal de *dreadlocks.* Os jornalistas esportivos lhe deram o apelido de Rastafári Leguizamón.

—Vir para cá é um porto seguro para ele — me disse sobre Messi. —Vê as pessoas, se distrai. Faz bem para ele saber que vamos estar todos juntos novamente.

Toda vez que volta para a Argentina, Messi janta com os colegas que conhece desde a escola primária. Um deles é seu melhor amigo, Lucas Scaglia, o número 5 do time do Newell's. Juan Cruz Leguizamón se encarregava de segurar as bolas que escapavam de Scaglia. Os dois moram no mesmo bairro e organizam o ritual que, quase sempre, é o mesmo: comprar carne, carvão, vinho e ir de carro para Rodán, uma cidade vizinha onde os pais de Scaglia têm uma casa com churrasqueira e campo de futebol. Leguizamón me contava isso enquanto Messi ouvia nossa conversa do seu telefone celular.

Depois de perder a Copa de 2010, Messi disse à imprensa que queria ir embora para sua casa. Na verdade, iria ficar somente uma semana na Argentina, o plano era viajar com sua namorada para o Rio de Janeiro. Antes de deixar Rosário, organizou um churrasco com os companheiros de seu time infantil.

— Leo é o amigo tímido, mas sempre está disponível. Se você lhe diz para ir a algum lugar, ele vai e, se você deixar, ele sempre paga tudo.

A única coisa que Messi pensava naquela tarde era em convidar seus amigos para uma grande festa de fim de ano.

— Quando você vier, faremos uma festa — confirmou Leguizamón via SMS. — Um churrasco com tudo o que temos direito.

— Sim — respondeu Messi —, e com putas também.

A mensagem ficou parada no centro da tela do seu amigo. Na foto que os usuários do *chat* colocam para mostrar seus rostos, Messi não estava mais sorridente com seu cachorro bóxer, agora posava com seu sobrinho mais velho, o filho do seu irmão Matías.

Leguizamón se apressou em responder, mas Messi teclou mais rápido.

— Primeiro, a gente faz o churrasco, depois vamos às putas — brincou ele de Barcelona. — No final jogamos todas no rio, para elas não falarem nada, rá, rá, rá.

Os amigos riram juntos. Os bate-papos privados entre amigos jamais deveriam ser publicados.

— Ele vem para ficar uma semana e quer fazer tudo o que não fez durante o ano — me disse Leguizamón.

Na Espanha, não circula muita informação sobre a vida íntima do gênio do Barça. Na Argentina, os *paparazzi* o perseguem quando passa por Buenos Aires. Às vezes, esperam por ele em um edifício do bairro Puerto Madero, onde Messi tem um apartamento no trigésimo quarto andar. Outras vezes, chegam até as portas dos hotéis que ele frequenta, pois querem fotografá-lo com mulheres.

Uma delas foi a modelo de televisão que, em uma noite, dançou em um clube de *striptease* para Bill Clinton. Apresentou-se no hotel Intercontinental e esteve com Messi. Mais tarde, contaria que o abandonou rápido no quarto porque o jogador se negou a pagá-la. Ela queria ganhar 2 mil dólares. Eles haviam sido apresentados por Gabriela Vitale, ex-namorada de Juan Sebastián Verón que costuma trabalhar, como relações públicas, para mulheres da televisão à procura de fama e jogadores famosos, que tenham fantasias com atrizes. Vitale apresentou Messi para a modelo, supondo que ele saberia como chegar a um acordo.

— Leo é um grande amigo — me disse Vitale ao telefone. — Sempre que passa pela Argentina me pede para eu lhe apresentar garotas da televisão.

Messi a conheceu durante um jantar em Buenos Aires. Gabriela Vitale já era uma figura com trânsito no meio artístico e havia aparecido várias vezes na televisão, exibindo seu corpo com peitos siliconados e voz de adolescente, mas tornou-se realmente conhecida do público em 2011, quando a polícia confiscou seu telefone celular. Ela estava sendo investigada por seu envolvimento com traficantes de drogas e, entre os SMS que a comprometiam em um caso de narcotráfico, havia também mensagens de texto de Lionel Messi. O 10 dizia que se excitava só de pensar nela.

— Ele é muito jovem — disse Vitale. — Qualquer garoto dessa idade aspira conhecer garotas famosas.

Messi voltou a Buenos Aires em junho de 2011 para jogar a Copa América. Antes de ficar na concentração com seus companheiros, ligou para essa amiga. Ele tinha rompido com sua namorada.

— Estava chateado com o término do seu namoro — me contou Vitale — e, nesse impasse, aproveitou para sair um pouco. Está mais esperto, pegou gosto pela diversão.

Messi deixou de ter em seu país a imagem do garoto mimado da equipe do Barça e foi ganhando, cada vez mais, o estereótipo do jogador festeiro, exceto pelo fato de não beber álcool. "O pequeno Amadeus — disse o escritor Martín Caparrós — está vários passos mais perto de se tornar argentino e, agora sim, ameaçar Maradona em seu próprio terreno." Não era a primeira vez que faziam essa comparação. Messi marcou em 2007 dois gols idênticos aos de Maradona, e o mundo pensou na reencarnação, embora o antigo 10 tivesse marcado contra o time inglês, sob alta pressão, na Copa do México de 86, quando a Argentina se sagrou campeã. Os gols de Messi foram contra o Getafe e o Espanyol. Longe da bola, a imagem pública de Leo Messi se aproximou da de Maradona, novamente em versão *light*, potencializada pelo desejo de um país que sente saudade do mito.

— Ele prefere se passar por tonto, em vez de parecer um safado — me disse Vitale. — Nunca está com cara de desesperado; é como um bebê de 15 anos, malandro, mas envergonhado.

Em seu país, Leo Messi procura e não encontra mais o confortável anonimato do passado. Para alguns argentinos, ele continua sendo o garoto de pontaria ruim que, na seleção da Argentina, só demonstrou ter renunciado às suas origens. Chegar a Rosário é sentir o lugar onde prepara o seu futuro. Ainda mantém sua casa no bairro Las Heras, onde foi criado e, nos últimos anos, comprou uma escola de futebol infantil, um bar em frente ao arvoredo que circunda o Rio Paraná, alguns apartamentos nas torres mais altas do centro e uma casa com piscina na cidade de Arroyo Seco, uma região tranquila a quarenta minutos da cidade. Na terra onde foi içada a bandeira argentina pela primeira vez, em frente a um dos dez portos mais importantes do país e perto da casa onde nasceu Che Guevara, os escritórios da Fundação Leo Messi e da empresa familiar Leo Messi Management funcionam no décimo primeiro andar de um edifício com fachada de vidros espelhados. É dali que seu pai administra a fortuna do filho.

— Uma foto, Messi, uma foto — pede um homem loiro na entrada do Hyatt.

Sentado em um sofá do Hyatt de Zurique, Messi sabe que seu telefone celular não pode mais escondê-lo de seus fãs. Dois rapazes loiros aproximam-se, estendem seus braços sobre os ombros do argentino e de seu companheiro Xavi Hernández e, em seguida, acionam o clique da câmara digital. Antes de se despedir, o mais alto dos dois pisca um olho para Messi ao colocar a mão em seu colarinho. É o segundo comentário da tarde sobre a gravata-

-borboleta do ídolo. Uma gravata não é um acessório que todos têm necessidade de comentar. Uma gravata-borboleta, por outro lado, costuma causar um efeito cômico quando é usada por um jogador de futebol genial, de 23 anos, e não por um prodigioso maestro de uma orquestra. Sua consagração precoce é um laço no pescoço que ressalta o sucesso do presente e que parece anunciar triunfos futuros.

— Não estávamos acostumados a perder — me contou Juan Cruz Leguizamón, na tarde em que visitei sua casa em Rosário. — Quando perdíamos uma partida, chorávamos.

O primeiro time de Messi, conhecido como "La máquina 87" por causa do ano em que nasceram seus jogadores, geralmente ganhava com pelo menos cinco gols de diferença. Eles viajaram por toda a Argentina e foram campeões em um torneio internacional no Peru. Messi conserva o recorde de ter marcado, em uma temporada anual, mais de cem gols em trinta partidas. O Pulga era o motor dessa máquina infantil em uma cidade onde a paixão pelo futebol só é comparável à rivalidade visceral entre o Boca e o River Plate. As torcidas de Rosário intimidam-se com uma ferocidade que vai além de seus nomes: Los Leprosos, como são conhecidos os torcedores do Newell's Old Boys, e Los Canallas, como são chamados os fanáticos do Rosário Central. O ódio mútuo que as une também as torna imune à aversão a qualquer outro time da liga nacional argentina. Messi foi embora para morar em Barcelona quando era líder das categorias inferiores do Newell's. Para aqueles que o conheceram, nunca deixou de ser.

Os campos de treino onde Lionel Messi cresceu são chamados de Ilhas Malvinas e têm tão pouco gramado que poderiam deixar os goleiros preguiçosos. Juan Cruz Leguizamón continua sendo o goleiro mais eficiente na história das categorias inferiores do Newell's. Às vezes, as condições mais difíceis fazem com que aqueles que sobrevivem a tal situação conservem uma essência que os torna melhores e mais resistentes. O grupo do qual saiu o

Pulga foi um dos mais competitivos da Argentina. Os meninos de 6 a 12 anos se dividem em seis categorias. Todos os fins de semana cerca de trezentos jogadores infantis disputam a bola para chegarem a ser futebolistas profissionais. Do mesmo clube, saíram estrelas do futebol mundial que qualquer torcedor do Newell's pode recitar de memória: Batistuta, Sensini, Balbo, Valdano, Bielsa. Para chegar ao Barcelona, Messi sobreviveu à competição infantil e à exigência de marcar gols em campos de terra.

— Aqui, o problema que enfrentamos — me disse em uma tarde Ernesto Vecchio — é que os garotos chegam muito franzinos por falta de alimentação.

Vecchio treinou Messi nos anos anteriores à sua ida para a Espanha. Hoje continua ocupando o mesmo posto no Newell's e, com quase trinta anos de experiência, é o treinador mais antigo das categorias inferiores do clube. Ele tem o bigode grosso, manchado de nicotina, e é dono de uma oficina mecânica de carros, da qual sempre tirou o dinheiro para seu sustento. Trabalha no clube três vezes por semana e, apenas em 2011, começou a ganhar um salário para isso, pois antes trabalhava de graça.

— Leo era pequeno, mas não tinha problemas de alimentação — pontuou Vecchio. — Ele não se cansava, tinha as pernas firmes e aguentava as pancadas.

Vecchio fechava seus punhos experientes, como se tivesse em suas mãos lutadores de boxe, em vez de jogadores de futebol. Messi era o lutador com carteirinha número 99231 e jogava em três categorias diferentes ao mesmo tempo. Nos finais de semana, acabava uma partida e, em poucas horas, começava outra.

— Seu pai sempre ficava atrás do arco — recordou Vecchio. — Nunca ficava ao lado dos outros pais.

Na idade em que os garotos repetem o que fazem em suas casas, o Pulga era um atacante obediente.

— Messi tinha um bom entorno familiar — acrescentou —, mas quase sempre eram os pais de seus colegas que o traziam para o jogo. O pai dele quase nunca podia vir.

O pai de Messi trabalhava em tempo integral como supervisor da siderúrgica mais importante da Argentina. A mãe, Celia Cuccittini, havia deixado o emprego em uma fábrica de bobinas magnéticas para cuidar de seus filhos. María Sol, a caçula do casal, ainda era uma criança que exigia muita atenção.

Os melhores anos de Vecchio nas categorias inferiores foram quando ele tinha o Pulga sob seu comando.

— Messi era tudo no time — sentenciou o treinador.

Na temporada de 2011, Juan Cruz Leguizamón é goleiro do Central Córdoba, um time de Rosário que disputa a liga da Primeira C, na quarta divisão, e Messi continua sendo o passaporte VIP que faz com que seus companheiros se sintam privilegiados. O 10 insiste em conservar seus amigos de infância e, de vez em quando, se dedica a reviver suas saídas em grupo, que agora já é coisa de homens. Durante as festas do Natal passado, convidou a todos para a Madamme, uma boate de Rosário que se vangloria de ser a maior da América do Sul. Em frente à sala VIP onde estavam, formou-se uma fila de pessoas que queriam cumprimentar o ídolo. Toda vez que Messi queria ir ao banheiro, tinha que ir acompanhado por um grupo de guarda-costas. Não podia se locomover sozinho entre a multidão. Leguizamón via o espetáculo como um personagem secundário que acompanha uma estrela de cinema.

— E pensar que nós quase nos esquecemos de Leo — me disse o goleiro da quarta divisão.

Quando Messi foi para Barcelona, não mandava notícias da Europa. Ainda não possuía uma conta de correio eletrônico. Seu amigo conta que ele ficou três anos em silêncio e que seus ex--colegas de time pensaram que ele não voltaria para Rosário. No entanto, sua ausência era a do jogador que convive com as dúvidas e incerteza ao se submeter a uma prova difícil de passar. Messi estava se adaptando à severidade do FC Barcelona. Para seus amigos de infância, sua imagem ficou congelada como a do menino que chamavam de "Enano" e que toda noite injetava hormônios para crescer. Juan Cruz franze os lábios toda vez que se lembra disso.

—Você olhava para a perna dele e via um monte de picadas, mas nós não sabíamos bem o que era aquilo — me diz. — Éramos crianças, e nessa idade não se tem consciência das coisas. O que a gente queria era jogar.

Quando voltou de Barcelona, a única coisa que Messi também queria era jogar. Em três anos de ausência, havia se tornado o jogador patrocinado pela Nike, que seria convocado pela seleção principal da Argentina e que já recebia ofertas de famosos clubes europeus. Messi era consciente do seu valor e, no seu país, também começava a se tornar conhecido. Ele esperou conseguir o primeiro contrato como jogador profissional para se reencontrar com os amigos. O Barça o aceitou e assim, diante dos olhos de seus companheiros, continuava sendo o pequeno líder que não gostava de perder. Viram pela televisão Messi levantar uma Copa do Mundo com a seleção argentina sub-20 e sair campeão nas Olimpíadas de Pequim. Quando a seleção oficial jogou em Rosário, Messi conseguiu entradas para todos. Queria ser visto por todos como jogador titular. Em uma noite de inverno de 2009, a seleção da Argentina enfrentou a do Brasil nas eliminatórias para a Copa do Mundo da África do Sul. Maradona era o treinador. Para a partida, que foi disputada no estádio do Rosário Central, não havia mais ingressos disponíveis. No segundo tempo, Verón fez um passe para Messi. Estavam perdendo por 2 a 1 e poderiam empatar o clássico. Messi ganhou espaço, dois brasileiros faziam a marcação e tiraram a bola dele. Não conseguiu recuperá-la. Houve um chute longo e, na sequência, o Brasil marcou 3 a 1. Messi ficou cabisbaixo. Não sabia que, além de seus amigos, seu treinador da infância também havia ido até lá para vê-lo. Ernesto Vecchio estava lá, mas não tinha conseguido entrada e foi até a porta do estádio quando a partida acabou. Fazia dez anos que não via seu aluno mais célebre.

— Eu esperei por ele até que o vi saindo em um ônibus — me disse seu ex-treinador. — Estava sentadinho, distante, olhando para frente.

Messi não havia jogado como o garoto que Vecchio treinou. Não queria voltar à sua terra derrotado, mas, naquela noite, o Brasil ganhou dele em sua própria cidade.

— Fiz sinal para ele levantando os braços — me disse o treinador.

— E Messi viu você?

— Sim — sorriu com seus bigodes amarelados pela nicotina —, e me mandou beijos.

Não voltou mais a vê-lo. Messi, um jogador que não gosta de perder, ajudou o clube que se negou a pagar os hormônios para seu tratamento de crescimento, doando 22 mil euros para equipar as instalações do Newell's que ainda inundam quando chove. Era um sinal de agradecimento. Uma forma de administrar a fortuna que também divide com seus amigos de infância.

Quando Messi convidava Juan Cruz Leguizamón para uma festa de fim de ano e brincava com ele pelo *chat* do telefone, seu amigo recebia e respondia suas mensagens como se fizesse uma travessura. Parece que sua vida se acelera quando volta a estar com Messi e que sai de rotação quando Messi vai embora. Na sala da sua casa, só resta uma fotografia em que ambos posam juntos e sorridentes. Entre as lembranças que o goleiro guarda, a mais valiosa não é uma camisa nem um par de chuteiras de Messi. Nem sequer um gol inesquecível. Um garoto que deixou seus fãs mal-acostumados, de verem tanta genialidade como uma rotina, faz com que sua ausência seja tão notável quanto a maior de suas jogadas. A partida que Juan Cruz Leguizamón nunca mais se esqueceu é uma em que Messi não havia se apresentado para o jogo.

Seu time perdia por dois gols.

Ele era o goleiro.

— Leo chegou no intervalo — me disse.

Era a final de um campeonato, e o prêmio para os vencedores seria uma bicicleta. Messi tinha ficado trancado no banheiro de sua casa e chegou correndo, para entrar no segundo tempo da partida em que seus companheiros estavam perdendo. Havia quebrado um vidro para conseguir sair.

Naquela tarde, o time ganhou com três gols de Messi.

Cada um dos seus colegas voltou para casa com uma bicicleta.

Ao se lembrar dessa história, Juan Cruz Leguizamón arregalou os olhos, mas, de repente, moveu a cabeça como um goleiro atento. Era outra mensagem de Messi.

— Leo está me perguntando seu nome — disse ao me mostrar a tela do seu BlackBerry.

Depois de planejar por SMS os detalhes da festa de fim de ano, Messi queria saber quem fazia as perguntas sobre sua vida. Não parecia se importar com o fato de organizar uma festa particular enquanto um estranho estava presente. Nem seu amigo. Rápido, o goleiro digitou o meu nome e, em seguida, avisou que era hora de se despedir. Sua mãe estava chamando-o para ir almoçar. Como se ainda fosse o garoto que jogava com Messi para ganhar uma bicicleta, o goleiro se levantou e seguiu em direção à mesa materna, parecendo que ia receber o grande prêmio. Depois da Copa do Mundo da África do Sul em 2010, os jornalistas se perguntavam como é possível que um profissional como Messi fique chorando quando perde um jogo. "Messi continua jogando por bicicletas", explicou o escritor Juan Villoro.

Hoje a bicicleta continua rodando. É um modelo com para-lama alto, semelhante a uma moto de *rally*. Na entrada do hotel Hyatt de Zurique, naquela tarde de 2011, Messi deveria entrar em uma limusine para ir ao Palácio de Congressos e escutar quem é o melhor do mundo. Ninguém pede para tirar mais fotos, e parece que ele gostaria de se tornar invisível, como se fosse possível quando se está de *smoking* e se chama Messi. A gravata-borboleta da sua roupa preta e seu ar humilde fazem com que ele se assemelhe a um garçom.

— Senhor Leo — diz alguém erguendo a voz —, por favor, sirva-me uma Coca-Cola.

Gerard Piqué, zagueiro do Barça, faz o pedido com um tom de cliente milionário. Na frente de ambos, seus companheiros David Villa e Carles Puyol sorriem. Messi faz o gesto de um serviçal, ri e abaixa a cabeça. É difícil para ele encontrar um gesto oportuno diante das piadas em público. Às vezes, ele parece não ter consciência do que representa, ou talvez, naquela tarde, estivesse se sentindo mais inseguro. No planeta do futebol existe uma norma que não está escrita, mas que se respeita a cada quatro anos: não há ganhador da Bola de Ouro, exceto Cruyff, que não tenha conquistado o mundial no mesmo ano. Prova disso são os casos de Bobby Charlton em 1966, Paolo Rossi em 1982, Lothar Matthäus em 1990, Zidane em 1998, Ronaldo em 2002 e Cannavaro em 2006. Messi havia recebido seu primeiro troféu quando tinha 5 anos, mas, em Zurique, se comporta quase como um acompanhante das estrelas de sua equipe. As cerimônias costumam parecer eternas e distantes da segurança do passado, quando a vitória nas partidas era somente para se ter algo mais com o que se divertir. Messi havia colocado uma gravata-borboleta, embora achasse que iria perder.

2

Lionel Messi nunca vai embora de Rosário sem antes dar uma passadinha pela casa em que viveu até os 13 anos, e que hoje quase sempre está vazia. Às vezes, essa visita é tão rápida que os vizinhos só ficam sabendo disso quando ele já partiu. No restante dos dias, fica em sua casa a trinta quilômetros do centro da cidade. A mulher da banca de doces, em frente à sua casa, diz que já faz algumas semanas em que nenhum dos Messi aparece e, então, aconselha-me a procurar por seus avós. Las Heras é um bairro operário do sul de Rosário, e ninguém passa por aqui, a não ser que viva na região ou seja um admirador de Messi que esteja na cidade e acredite que possa encontrá-lo tocando o interfone. Um cartaz, preso com fita adesiva na sua caixa de correio, adverte que a campainha não funciona. Essa não é a única casa de Las Heras que pertence à família Messi. A segunda é a dos avós paternos, Eusebio Messi Baro e Rosa María Pérez Mateu. Moram ali desde que eram jovens e, atualmente, são proprietários de uma padaria. Fora os clientes, os avós não recebem muitas visitas. O restante dos Messi também não costuma aparecer por aqui. Os avós são como um imã para biógrafos obcecados em traduzir o DNA dos gênios, mas ninguém se lembra dos avós de uma estrela do futebol. Mais importância atribuem às ruas onde foram criados. A cidade de Villa Fiorito alcançou a fama por causa de Maradona. Ninguém sabia nada sobre Três Corações, até que Pelé apareceu. Na "biologia" do futebol, a influência do bairro é um estereótipo de manipulação genética. Johan Cruyff morava a cinco ruas do campo do Ajax, o clube para o qual seu pai fornecia frutas e verduras e onde ele estreou na primeira divisão. Las Heras, o bairro de Messi, ocupa apenas uma dúzia de quadras, ao redor do que foi um quartel militar. É um desses bairros em que as moedas são importantes, para despesas do dia a dia, e as casas são de um andar só. A casa onde Messi foi criado é mais alta, tem um segundo andar com uma sacada, ar-condicionado e quatro janelas. A paisagem é formada por ruas com árvores pequenas, onde todos os vizinhos se conhecem. Os pais e os avós do Pulga eram vizinhos de bairro antes de se casarem. As esposas dos seus irmãos mais velhos também moravam no mesmo bairro. Seu avô materno, Antonio Cuccittini, ficou viúvo e continua morando em Las Heras. A única avó que Lionel menciona é a mãe de sua mãe: Celia Olivera de Cuccittini o levou pela primeira vez para jogar futebol e morreu quando seu neto tinha 10 anos. Agora o camisa 10 presta homenagem à sua avó olhando para o céu quando celebra seus gols.

O neto, como qualquer um, não é tão próximo de todos seus parentes. A casa de Eusebio Messi está a duas ruas da sua, mas o avô paterno se mantém distante do mundo de sucessos associado ao seu sobrenome. Há uma porta de metal e, perto dela, uma janela aberta. Eusebio Messi improvisou seu negócio: onde era um dormitório, agora funciona um balcão para venda de pão e massas. Os óculos de metal, que marcam seu nariz, deixam avistar um homem frágil, embora na altura de seus quase 85 anos conserve o corpo de uma árvore com saliências. Suas mãos são como as do neto, mas, diferente dele, oferece um aperto de mão firme como um alicate. Eusebio

Messi carrega uma caneta para as contas, que fica no bolso de sua camisa, puída na gola e nos punhos. Mora ali com sua mulher, e sua casa tem uma conexão com o pátio de sua filha, Gladis Messi, uma senhora tingida de loiro, a tia que o 10 menos visita.

— Faz mais de um ano que eu não o vejo — me diz o avô após abrir a porta.

Ele diz isso com resignação, como se a ausência de Messi fosse um costume. A ausência é um terreno comum na história de avós e netos. Na parede, está afixada a capa de um jornal com um retrato de seu neto, levantando o troféu do mundial sub-20 que ganhou com a Argentina. Ao seu lado, há um cartão postal da Virgem Maria. O resto da sala está ocupado por uma mesa, coberta com uma toalha de plástico estampado com pimentas, alhos e cebolas, uma gaiola branca com um canário amarelo, uma televisão e quatro cadeiras, uma escada estreita de madeira, que conduz ao piso superior, e uma cama com cabeceira, de onde se desprende uma base de apoio, como as que são usadas em hospitais. A pintura das paredes está descascada e a iluminação se restringe a uma lâmpada amarelada. Não parece a casa de avós cujo filho é o pai e o administrador de Lionel Messi.

A avó, usando um rosário de cor violeta no pescoço, observa a conversa da beirada da cama. Na televisão, passa uma comédia de domingo à tarde. Dá para ouvir as gargalhadas ao fundo.

— Já faz um ano — recorda-se o avô. — Leo subiu rápido em um carro em frente à porta da sua casa.

O jogador havia estado em Rosário de férias e, quando saiu na rua, foi rodeado por um grupo de fãs. Teve que fugir nesse carro. Foi a última vez que seu avô o viu.

Os avós costumam se queixar dos netos que não vão visitá-los. O de Messi diz que não chegou a cumprimentá-lo porque não pôde abrir passagem no meio das pessoas.

— Acho que ele nem me viu — me disse.

Messi foi se distanciando das ruas onde foi criado, mas não abandonou a casa de sua infância. Construiu um segundo andar, abriu uma garagem, restaurou a fachada. Antes do neto nascer, seu avô paterno já havia colocado os alicerces. Don Eusebio Messi foi criado no campo, em um povoado próximo de Rosário, de onde migrou para a cidade. Trabalhou como pedreiro e transportador. Comprou o terreno onde ele mesmo construiria sua casa e também a casa do jogador e dos seus três irmãos. Quando era jovem, a avó trabalhava limpando casas. A padaria é um negócio que empreendeu algum tempo depois que Messi nasceu.

Os avós dizem que o neto passava quase todo o tempo nas ruas de Las Heras. O Pulga e seus irmãos, além de jogar bola na rua, treinavam no clube do bairro Grandoli, lugar em que Messi pisou em um campo oficial pela primeira vez. Seu avô, às vezes, passava lá para buscá-lo com a mesma caminhonete que usava para trabalhar. Ele levava Messi aos treinos. Depois, quando começou a jogar no Newell's, era seu pai quem o levava.

O avô sorri e move suas mãos de alicate enquanto fala.

Sua mulher, ao contrário, fica séria.

— Mas no tempo das injeções de Lionel eles estavam na miséria — diz a senhora da cama.

Sua voz é alta, porém confusa, como se mastigasse as palavras.

Rosa Pérez Mateu recorda-se da época em que seu neto precisava injetar os hormônios de crescimento e as doses custavam mais que a metade do salário do pai.

— Ele tinha quatro filhos para manter — diz a mulher, colocando um lenço na boca.

Às vezes, os avós dizem coisas que delatam ou envergonham seus filhos. Às vezes, também, envergonham os netos. Alguns meses depois de visitar o bairro Las Heras, Antonio Cuccitini, o avô materno de Messi, foi quem delatou seu neto. "Leo não tem namorada agora. Tinha uma e brigaram" — disse em uma rádio. "E é melhor assim, porque ele é muito jovem." Cuccittini se referia a Antonella Roccuzzo, sem pensar que seu neto nunca fala em público sobre sua vida privada. Os avós guardam lembranças que nós nos esquecemos. Em um fim de tarde, no bairro Las Heras, a avó paterna lembra-se de Messi como um menino que passava em sua padaria para pedir moedas.

A avó sobe a voz e mostra a dentadura incompleta.

— Eu os ajudava com o pão e o leite, e agora veja como eles me pagam.

Nos últimos anos, Rosa Pérez Mateu quebrou um braço, o cotovelo, a bacia. Não consegue mais subir as escadas até seu quarto e, por isso, teve que trazer a cama para a copa. Operaram suas pernas, e sua dentadura foi se desgastando. Ela diz que o serviço de saúde pública para os aposentados não funciona como deveria.

— Mas agora meu filho vai começar a pagar os impostos da casa — interrompe o avô. — Essa é uma grande ajuda.

A avó olha para um canto.

O bairro onde cresceram os Messi funciona como uma grande família. Há poucos sobrenomes em Las Heras: Arellano, Jiménez, Vallejos, Quiroga, Barrera, Cuccittini, Messi. O sobrenome da senhora que atende na banca em frente à casa do 10 é Calcaño de Quiroga. Tem uma filha e ficou viúva. Os vizinhos deixaram de comprar em outras bancas para que ela tivesse mais renda. Em algum momento, a mãe de uma vizinha amamentou Leo Messi.

"Nós dizíamos que éramos primos" — diz Cintia Arellano, junto à entrada de sua casa.

Lionel Messi nasceu um mês e meio depois de Cintia, quando os quintais de suas casas eram separados somente por um muro. Algum tempo depois de dar à luz, Celia Cuccittini percebeu que não tinha leite suficiente para amamentar o filho. A mãe de Cintia Arellano alimentou o filho da vizinha quando foi necessário. Desde então, ela se recorda, ambas as famílias dizem que são amigas de leite. Na escola primária, Messi sentava-se perto de sua vizinha: ela era a intérprete que o ajudava a se comunicar com a professora quando ele tinha vergonha de falar.

Cintia Arellano atravessou a adolescência em um bairro onde os taxistas evitam entrar. Onde, durante a noite, não se recomenda andar sozinho pelas ruas. A entrada da casa da família Arellano — igual à de quase todos os vizinhos — está separada da calçada por grades que se estendem do chão até o teto. Las Heras não é mais o bairro pacífico que Messi deixou quando foi embora.

— Eu sempre passava para pegá-lo para ir ao colégio e perguntava se ele gostava de alguma menina — diz Arellano —, mas ele nunca confessava.

— É que ele era tão tímido e pequenino... — sorri. — Eu sempre levantava a mão para ele.

Messi deixou os estudos para se dedicar ao futebol. Arellano estuda Psicologia e é professora de crianças com deficiências mentais. Tem os cabelos castanhos e o tom de voz pausado das pessoas que sabem escutar.

— Eu sentia que tinha de protegê-lo — diz a professora. — Esse tipo de menino sempre me chamou a atenção.

Foi a segunda pessoa do bairro que os avós me recomendaram visitar.

— De quem você acha que ele herdou esse caráter meio distraído e tão tranquilo? — pergunto sobre seu neto.

Eusebio Messi dobra seu corpo rígido e se senta ao lado da esposa, na ponta da cama.

— Acho que foi do pai — afirma, com uma ponta de dúvida. — Ele é muito sereno para falar.

A avó, do outro lado, apressa-se em responder:

— A mulher é mais nervosa — diz, referindo-se a Celia Cuccittini. — Ela é quem domina.

A guerra entre sogras e noras faz parte do folclore familiar. O lugar-comum "por trás de um grande homem sempre há uma grande mulher", usado para elogiá-las, tem uma origem histórica que significa exatamente o contrário. Alexandre Dumas pai conta isso em um de seus romances. O personagem de um delegado de polícia dava sempre a mesma ordem quando recebia uma denúncia: "Procurem a mulher". Era seu instinto para se aproximar da verdade. Hoje o Pulga tem o rosto de sua mãe tatuado nas costas. Por trás do pai de Messi, também há uma mulher, e não é a sua mãe.

O avô olha para o chão. Ela aproveita o silêncio:

— E o que você acha de Barcelona? — pergunta a mulher.

Don Eusebio Messi é neto de italianos. Os pais de Rosa Pérez Mateu eram agricultores catalães. A avó se queixa por não conhecer a terra onde nasceram seus pais e onde seu neto triunfa.

A vida de Lionel Messi compartilha alguns episódios com a vida dos grandes mitos argentinos: o abandono do lar em idade precoce, a origem humilde, uma doença. É a história de Evita, de Che Guevara, de Carlos Gardel e de Maradona. "Muitos dos argentinos universais tiveram que deixar de ser argentinos para sê-lo", afirma Martín Caparrós. Messi também foi reconhecido no exterior antes de regressar ao seu país, onde hoje é esperado como um Messias. No seu bairro, não há monumentos, nem insígnias com seu nome. O único altar visível é para um santo profano e milagreiro. Aqui, os vizinhos prestam homenagem a Antonio Mamerto Gil Núñez, o Gauchito Gil, um tropeiro vestido de calças largas e chapéu de gaúcho que foi sentenciado à morte por desertar do partido autonomista que combatia o partido liberal no século XIX. Sua estátua de cimento fica na esquina da casa de Messi. Sob uma árvore de amoras, os vizinhos se encarregam de cuidar dela e esperam que suas orações sejam atendidas. Antes de morrer degolado, Gauchito Gil pediu que seu carrasco orasse em seu nome para poder salvar a vida de seu próprio filho que estava muito doente. Depois de executá-lo, o carrasco cumpriu sua última vontade, orou em nome de Gil e curou o filho doente. Desde então, os crentes veneram esse gesto entre milagreiro e paternal.

A última vez que os vizinhos esperaram Messi, em frente à sua casa, foi após sua vitória no campeonato mundial com a seleção sub-20. O bairro recebia o futuro Maradona, só faltava ele crescer.

Sua amiga Cintia Arellano havia se encarregado de fazer uma arrecadação para comprar tintas, pincéis e tela.

— Esperamos por ele até as cinco da madrugada — diz. — Quando chegou, Leo tremia de emoção.

A vida pessoal do 10 era um enigma. Discreta, ela inclina o corpo para frente quando fala de um segredo. Messi nunca lhe contou de quem gostava no colégio. Ficou sabendo que ele injetava hormônios pouco antes de uma viagem escolar no fim do curso. Tinham escolhido a paisagem de serras e lagos da cidade Villa Carlos Paz, na província de Córdoba. Iam passar a semana juntos. A mãe de Cintia Arellano iria com eles. A senhora recebeu uma missão especial antes de partir: sua vizinha Cuccittini pediu para ela levar os hormônios de Messi e checar se, todas as noites, o filho fazia a aplicação. Só assim Arellano ficou sabendo que ele sofria de déficit de hormônio do crescimento.

Entrar no bairro Las Heras é voltar ao passado.

Três meses atrás, sua família havia pagado por uma linha telefônica.

Ainda não a tem. Também não tem internet.

A empresa que vende o serviço demora a chegar ao bairro.

Cintia Arellano não trocava e-mails nem mensagens telefônicas com Messi. Las Heras continua sendo um mundo analógico com avós que nunca irão embora dali. O Pulga tinha 11 anos quando saiu pela primeira vez do bairro sem seus pais. Fez isso para visitar o túmulo de sua avó materna, a mulher para quem ele dedica seus gols hoje. Foi em um sábado de primavera. Messi não estava sozinho, um vizinho o acompanhava.

— Leo insistiu que queria ir ao cemitério — me disse Diego Vallejos.

Não deu mais explicações. Naquela manhã, ambos subiram em um ônibus intermunicipal e tiveram que ir com muita atenção durante o trajeto para não perderem a parada onde deveriam descer. Diego Vallejos sempre morou na mesma rua que Messi. Iam juntos para o colégio e, para ele, também foi a primeira vez que se afastava do bairro. Hoje é operário em uma fábrica de borracha para pneus. Ele tem pele morena, cabelos compridos e quer formar uma banda de rock. Toca uma guitarra azul na qual pregou uma foto de Messi com a camisa da Argentina. A avó foi enterrada em Villa Gobernador Gálvez, distante cerca de trinta minutos de ônibus ao sul de Rosário, com uma paisagem de favelas, esgotos a céu aberto e cachorros perambulando pelas ruas de terra.

— Eu falava para ele voltar — me conta Vallejos —, mas ele quis continuar.

Dois garotos de 11 anos estavam procurando um cemitério. Messi tinha dado certeza de que saberia chegar, mas, na metade do caminho, eles já estavam perdidos. Até aquele dia, seus planos mais arriscados tinham sido o de irem sozinhos comer hambúrgueres em um posto distante ou explorar os mistérios de um edifício em construção. Antes de visitar o túmulo da avó, não haviam feito nada mais perigoso do que passar por um alambrado para brincar de pistoleiros. Faziam isso no campo de manobras militares que continua sendo parte do bairro. Naquela manhã de primavera, Messi disse a Vallejos que não voltaria para casa enquanto não tivesse encontrado o que estava procurando.

Vallejos continua morando na casa de sua mãe. Em um armário, guarda alguns DVDs que assiste no seu quarto. Messi aparece na tela disfarçado de caracol e, ao fundo, se ouve a voz de uma mulher que conta a história de um bosque. Vallejos também está no vídeo, vestido de grilo. É uma apresentação escolar dos seus primeiros dias como alunos. Interpretam um molusco e um inseto no meio de um bosque cujos animais correm perigo de extinção, e suas fantasias não são alugadas. Messi se movimenta lentamente, carregando uma carapaça de cartolina forrada com tecido. Nas costuras da fantasia, dá para notar que foram horas de trabalho de uma família dedicada. A infância de Messi, seja nas histórias que seus amigos contam dele ou a que se vê no vídeo, ocorre sempre em um mundo em que uma mãe está esperando por ele. O Messi da tela aparece nas tomadas sorrindo. Seu amigo coloca outro DVD em que o Pulga tem 12 anos, desce de um ônibus, acena para a câmera e, depois de um corte, aparece montado em um touro mecânico. O animal de brinquedo dá saltos e derruba o Pulga, que cai como uma marionete sobre um colchonete de espuma. São cenas daquela viagem de fim de curso à paisagem de Villa Carlos Paz, em Córdoba. Essa viagem foi a despedida de seu bairro. Alguns meses depois, Messi partiria para Barcelona, enquanto Diego Vallejos começaria a trabalhar na fábrica de borracha. Depois, se tornou pai e, sem querer, sua vida ficou atada à família do jogador de futebol. Sua irmã, Roxana Vallejos, é casada com Matías Messi, o irmão do meio dos três homens. Tiveram um filho. É o garoto da foto que Messi deixa em seu BlackBerry. Messi é seu padrinho.

Os amigos têm um sobrinho em comum.

— Parecia que Leo nunca fazia nada — me conta Vallejos —, mas ele fazia.

Tinha fugido da casa dos pais para ir ver o túmulo de sua avó. Diego Vallejos não soube disso até voltar do cemitério. Igual à sua amiga Cintia Arellano, ele também não sabia que seu amigo injetava hormônios para crescer.

O Pulga guardava segredos e era, para os próprios amigos, um grande mistério.

Diego Vallejos guarda uma carta enviada por Messi após ter sido aceito pelo FC Barcelona. Vivia, nessa época, o regime da La Masía catalã. Escreveu a carta com uma letra tremida.

"Para um amigo."

O papel é quadriculado.

"As coisas estao cada dia melhor no Futebol."

Não importa para ele a ortografia.

"Na escola, em ves de ir melhor, estou cada dia pior, mas isso é o de menos."

Tanto faz para ele a escola.

"Você não imagina como sinto saudade da rua."

Ele se aborrece.

"Aqui não tenho nenhum amigo e vou bastante ao cinema."

Ele se sente sozinho.

"Conte-me mais coisas de você. Você está namorando?"

Sente falta do bairro.

"Eu ando mais sozinho que um cachorro. As espanholas são mais feias que XXX XX [há duas rasuras] que não sei o quê. A verdade é que eu não sei mais o que te contar. Vou indo e te mando um abraço grande."

Escrever lhe cansa.

"Ps1: desculpa a letra e a folha."

Gosta da boa caligrafia.

"Ps2: adoro essa história de ser tio."

Matias Messi havia tido seu primeiro filho com a irmã mais velha de Vallejos.

O bairro era um refúgio para Messi.

Continuou sendo quando se tornou a estrela do Barcelona.

Quando a letra tremida do papel passou para o e-mail.

Quando a imprensa o perseguia.

"Os jornalistas e as pessoas me cansam muito", escreveu para o seu representante Fabián Soldini, em 2005.

"Eu sempre sou carinhoso e tento fazer sempre o melhor, mas os jornalistas abusam."

"Sei que quando voltar [para Rosário] não vai ser assim, e isso me deixa feliz, de verdade."

Hoje Leo Messi não consegue andar por sua cidade sem sofrer o assédio dos fanáticos, sem o ataque de um torcedor que exija que faça gols para a Argentina.

A última vez que viu seus amigos do bairro juntos foi no aniversário de 15 anos de sua irmã. Messi havia organizado a festa.

— Leo dançou porque insistimos — me diz Cintia Arellano. — Nunca foi de ir a festas, mas quando era meu aniversário, mesmo que fosse só um pouquinho, ele vinha.

A amiga dá um sorriso de quem recebe um prêmio. Para Diego Vallejos, Messi deixou uma impressão de distância.

Foi também na festa da irmã do 10.

— Foi muito bom tê-lo visto — me diz —, mas não estou acostumado com tanto luxo.

Vallejos foi a terceira pessoa do bairro que os avós de Messi me indicaram.

Faltavam alguns dias para o Natal.

— Leo nunca vem — queixa-se o avô, como todos os avôs.

Ao fundo, continua o som da comédia de domingo à tarde.

A avó balança a cabeça.

O avô abaixa o olhar, mas, de uma hora para outra, abre os olhos e levanta sua mão alicate.

— Mas é o meu neto, caramba — diz.

Bate na mesa com o punho.

— Eles são assim — sussurra a avó. — Os garotos ficam meio loucos e agora, que têm dinheiro, pior.

Sua voz baixa condena e compreende ao mesmo tempo.

— Embora não venham me ver, eu, como avó, continuo amando todos eles — conclui —, mas a gente acaba sofrendo muito.

A fotografia de um Messi vitorioso continua pregada na parede da casa de seus avós. Foi campeão juvenil com a camisa da Argentina e, desde então, sua imagem ficou congelada como uma promessa na vida dos argentinos, dos avós, do bairro. Um neto campeão, assim como um vizinho milionário e famoso, pode ser a oportunidade para a mudança que todos esperam. Esse momento ainda não chegou a Las Heras. Muito menos a Três Corações de Pelé. Nem a Villa Fiorito de Maradona. É o mesmo instante de ilusões daqueles que comemoram um ator de seu país ganhando o Oscar, ou o primo milionário que acaba de ganhar na loteria. Uma estrela provoca miragens. Hoje, aqueles que ficaram no bairro indicam o endereço dos avós de Messi.

3

Na entrada do hotel Hyatt de Zurique, Lionel Messi não presta mais atenção às piadas sobre sua gravata-borboleta. Já é noite, ele deve subir em sua limusine, ouvir o veredito dos jurados e voltar a Barcelona. "Não esperava ganhar hoje", declararia algumas horas depois. No Palácio de Congressos da cidade, uma edificação às margens do rio Limmat, ele é esperado com a Bola de Ouro 2010. A força e beleza de seus gols, frutos de suas jogadas verticais, são uma obra de pura potência e velocidade; Messi nos faz crer que suas proezas são uma espécie de fenômeno natural. Sua mãe, Celia Cuccittini, está usando um vestido preto, com incrustações prateadas no decote. Fora do hotel, as pessoas soltam vapor da boca enquanto falam. A voz da senhora Cuccittini tem o calor de uma mãe que manda uma criança colocar o casaco. Da rua, entra o ar frio das montanhas da Suíça.

— Este ano não nevou — diz sua mãe.

As mães não costumam dispersar sua atenção com detalhes meteorológicos quando um de seus filhos está prestes a ganhar um prêmio. É a quarta vez que a família Messi visita Zurique para assistir à mesma cerimônia. A pior coisa que poderia acontecer é que ele fosse o segundo ou o terceiro melhor jogador do mundo. Nas portas do hotel Hyatt, ele é cercado por um tumulto no estilo suíço, que é organizado e silencioso. Os motoristas, mensageiros, jornalistas e familiares dos jogadores tratam-se entre si com essa cortesia fingida imposta pelos grandes salões e trajes de gala. Messi, por um momento, não sabe onde colocar suas mãos e acaba enfiando-as no bolso.

— Você já comprou seu apartamento em Zurique? — brinca um jornalista da televisão.

Diz isso ao pai do 10, que caminha junto com a esposa.

— Não comprei ainda — responde Jorge Messi, com simpatia distante —, mas estive dando uma olhada.

Ao fundo, soam risadas condescendentes.

Os pais de Messi parecem compartilhar com seu filho o mesmo modo de experimentar o exótico como parte da normalidade. A atmosfera da premiação com a Bola de Ouro é a continuação daqueles dias em que o Pulga era o primeiro da fila da escola e sua mãe levava os troféus para mostrá-los às professoras. Há uma grande diferença entre a genialidade carismática para jogar futebol e a musculosa efetividade para fazer gols. Em 2011, o português Cristiano Ronaldo bateu o recorde histórico ao marcar quarenta gols pelo Real Madri na liga espanhola. Antes, já havia ganhado uma Bola de Ouro. Messi superou a marca de seu compatriota Alfredo Di Stéfano em quantidade de vitórias consecutivas com sua equipe e, em 2010, havia se consagrado como o artilheiro máximo da história do Barça na Liga dos Campeões. Cristiano Ronaldo não figura na lista das cem pessoas mais influentes do mundo publicada pela revista *Time*. Em 2011, Messi apareceu nela, abaixo do presidente dos Estados Unidos, Barack Obama.

Nós gostamos da eficácia goleadora. Somos hipnotizados pela genialidade com a bola. Na coreografia de uma goleada, Messi é o encarregado de romper a simetria. Uma noite de 2011, no Camp

Nou, depois de ver Messi dar uma cavadinha na bola e encobrir o goleiro do Arsenal em uma partida da Liga dos Campeões, Richard Williams, colunista do *The Guardian*, qualificou o argentino como "uma alma terna que causa dano". A impetuosidade é natural nos garotos quando jogam, e eles a detectam imediatamente ao procurar companheiros para se divertir. Se somarmos a tal ímpeto um grande desejo de vitória, uma variante civilizada do instinto assassino, o dano é irreversível.

— Cuidar de Messi é mais fácil do que ser guarda-costas de Mick Jagger — me disse um dos guarda-costas do argentino.

Conhecido como o Turco, vigia a porta de uma discoteca em Rosário.

Os fanáticos pelo Rolling Stones estão acostumados a serem empurrados por homens como ele, a fim de separá-los das glórias do *rock and roll*.

— Messi é o ídolo das crianças — me explicou o guarda-costas. — E a gente não pode empurrar uma criança.

O Turco já cuidou de Messi em caminhada pelos *shoppings*. Seu pai o contratou porque sabe que seu filho não atrai somente fanáticos em idade escolar. Quando sua seleção perdeu para o Brasil, nas eliminatórias da Copa da África do Sul, Messi precisava de segurança, e o Turco estava ali para cuidar dele. Naquela noite, a frustração da derrota levou um torcedor indignado a deixar uma bomba na porta de sua casa. O bairro de Las Heras tremeu. Em Barcelona, Messi foi visto sozinho e de bermuda, sacando dinheiro de um caixa automático. Em Rosário, por outro lado, Messi é sempre uma vítima em potencial. Os fãs da seleção argentina podem reprovar com violência o fato de ele não fazer um gol. Ou seu gênio pode se tornar alvo de uma ameaça e ser atacado pela torcida da equipe rival. Messi se formou no Newell's e conhece a ira que essas cores despertam em violentos seguidores do Rosário Central. Na hora do almoço, em algum dia de 2011, quando estava saindo de um restaurante, o 10 não viu aparecer uma mão que ia bater direto em seu rosto. A cena foi gravada.

Messi poderia ter reagido à agressão. Quando vestia a camisa do Manchester United, Éric Cantona saltou com uma voadora, desferindo um pontapé, contra um fanático que o insultou da arquibancada. Quando jogava no Barça, Maradona colocou as chuteiras no peito de um jogador do Athletic. Zidane perdeu as estribeiras, e talvez o mundial, quando deu uma forte cabeçada no peito do zagueiro italiano Materazzi na final da Copa de 2006. Messi enfrentou um defensor da Bolívia, encarando-o, sem chegar a agredi-lo, na primeira partida da Copa América de 2011. Foi a cena mais violenta de uma ficha quase decepcionante no quesito ira. O único registro é um cuspe sem pontaria em um jogador do Málaga que o juiz não viu. Em uma noite no Camp Nou, porém, Messi levantou o braço esquerdo com o punho fechado, mirando o treinador do Real Madri. Para a imprensa espanhola, essa foi sua maior provocação. Havia feito o gol que deu o título da Supercopa 2011 para o Barça e, com a mão fechada, dizia a José Mourinho que agora podia falar. Foi uma forma de Messi emitir sua opinião, além de ter feito o gol.

Naquela tarde em Rosário, pouco depois do meio-dia, alguém desviou o bofetão que atingiria o rosto de Messi. A mãe do rapaz de 17 anos, que quis bater nele, disse que seu filho estava arrependido. Era um torcedor do Rosário Central. Messi o perdoou.

A mesma veemência que assombra os comentaristas esportivos, também impulsiona Messi a se concentrar no futebol e a ignorar quase todo o resto. Quando era criança, treinava depois de ir ao colégio, jogava aos fins de semana e, nas horas livres, ensaiava dribles de futebol com seus irmãos, seu pai, seu tio e dois de seus três primos: Maximiliano e Emanuel Biancucchi. Hoje eles vivem da mesma coisa. Todos são habitantes de um mundo insular cujo sol é a bola. Fora das fronteiras de sua equipe, Messi escuta um idioma com o qual não prefere dialogar.

Para fazer coisas pela primeira vez em sua vida, o 10 sempre escolheu como cúmplices os companheiros do seu time de infância. Toda vez que Messi organiza um churrasco argentino, Leandro Benítez não falta. Toma mate com açúcar, tem os cabelos longos e é chamado de "El Negro". Ele também jogava como atacante quando o Pulga era o artilheiro das categorias inferiores do Newell's. No futebol, ambos debutaram com a mesma idade. No sexo, também. Messi tinha organizado tudo por telefone desde Barcelona. Foi em um apartamento de seu representante em Rosário. Messi, Lucas Scaglia e Leandro Benítez tinham 15 anos. Eram três garotos com duas garotas. Havia somente dois quartos.

— Nos encontramos em uma esquina e fomos — recordou-se Benítez. — O Leo fingia ser corajoso e não falava nada, mas nós três estávamos assustados.

Messi e Scaglia dividiram o quarto. Desde então, os três amigos ficaram unidos. O argentino demonstra isso, às vezes, quando marca um gol e coloca a mão no peito com três dedos estendidos. Cada dedo é um dos cúmplices dessa primeira vez.

Messi nunca negou que Rosário está na origem de tudo. Para formalizar seu namoro, escolheu a garota de quem gostava desde criança. Para aprender a dirigir, em vez de escolher uma desolada estrada da Catalunha, preferiu guiar um Ford Escort verde ao redor do parque Urquiza, em sua cidade natal. O professor voltou a ser seu representante. Leandro Benítez ainda mantém o mesmo representante, que promoveu a estreia de ambos, joga na defesa no clube Chacarita, de Buenos Aires, e diz que o Pulga sempre lhe envia e-mails. Às vezes, autoriza passar em lojas esportivas para pegar roupas deixadas em seu nome.

— Nunca pedi nada para Messi — me disse Benítez —, mas já sabemos o tipo de pessoa que ele é.

Por sua falta de gols na seleção da Argentina, Messi é questionado sobre sua "argentinidade". Ele insiste em ser argentino e continua preso às suas primeiras lealdades, embora elas atentem contra si mesmo. Em uma madrugada de janeiro de 2007, depois de ter viajado ao seu país para se recuperar de uma lesão, o jogador foi com os dois irmãos a um bar perto de sua casa. Um homem o encarou e começou a insultá-lo. Certa vez o agrediram por ter defendido a camisa do Newell's. Alguns dias depois, Messi apareceu em uma seção dos jornais que não era a de esportes. As páginas policiais disseram que o jogador do Barça tinha brigado e estava sendo acusado de quebrar cadeiras e vidros, além de ter saído sem pagar a conta. Messi enfrentou, pela primeira vez, um processo judicial. Seus irmãos, obviamente, ficaram como personagens secundários da notícia.

— Leo é o garoto mais tranquilo que conheci em minha vida — me garantiu o Turco. — As únicas vezes que tive problemas com ele ocorreram quando estava com seu irmão.

Além de ser seu guarda-costas, o Turco às vezes se encontra com o 10 nas boates de Rosário onde trabalha. Numa noite, no La Misión del Marinero, viu um homem apontando para Messi com um dedo ameaçador.

— Não era nada — disse o Turco —, mas seu irmão apareceu e começou a brigar.

— E o que o Messi fez?

— Ficou assustado e tivemos que tirá-lo de lá.

Matías Messi é o segundo filho homem dos três irmãos e o único que continua morando em Rosário. O Turco diz que mais de uma vez Matías o deixou tenso em sua função de proteção e segurança.

— Uma vez, no meio da noite, ele começou a gritar. Estava descontrolado, e tivemos que acalmá-lo — me contou o guarda-costas. — Dizia que não queriam levá-lo para a Espanha porque ele era a vergonha da família.

Em janeiro de 2011, Matías Messi não está no hotel Hyatt de Zurique. A família não está completa para a cerimônia de entrega da Bola de Ouro. Além dos pais e da irmã, Messi convidou um tio, uma tia e um primo. De acordo com o protocolo, a limusine deve levá-los até o palácio onde será revelado quem é o melhor jogador de futebol do mundo. Na noite em que o insultaram por defender as cores do time de sua infância, além de ser acusado de quebrar uma janela do bar e de bater em um casal, Lionel Messi foi uma das pessoas que tentaram conter seu irmão. Porém, diante da imprensa e da polícia, guardou silêncio. O irmão mais novo deixou que acusassem somente a si mesmo.

4

Toda vez que Leo Messi aterrissa na Argentina, seu segundo irmão vai recebê-lo. Aqueles que o conhecem sabem que é Matías quem faz Messi sorrir. Ele não tem as responsabilidades do irmão mais velho, que é o administrador de sua segurança. Não é o mimado da família, como sua irmã María Sol, que quer ser como Messi, mas no teatro. Quando disputou o Mundial Juvenil nos Países Baixos, o Pulga pediu ao seu representante que pagasse uma passagem de avião a mais na primeira classe: Matías Messi era seu cúmplice. Quis estar com ele quando viajou para Buenos Aires, antes de partir para a Alemanha e para o mundial de futebol. O 10 reservou um quarto duplo no hotel e assim pôde ficar com seu irmão. Um dia, Matías Messi pediu que ele fosse o padrinho de seu primeiro filho. Hoje o jogador tem uma foto de seu afilhado em seu telefone celular. O segundo irmão tem a imagem de Messi tatuada no braço esquerdo. Toda vez que termina uma partida importante, o 10 entrega suas chuteiras e sua camisa para esse irmão. Em sua casa de Rosário, Matías Messi criou um museu familiar de bolas, camisas, chuteiras e fotos. É um fetichista fraternal.

Ele quase nunca aparece na imprensa e, por isso, seu rosto é desconhecido pelo público. Entrevistei Matías Messi em Rosário. Cheira a perfume, usa bermudas e está em pé no mesmo lugar onde a polícia o deteve dois anos antes por estar armado, na esquina da Avenida Uriburu com a Rua 1° de Mayo, no bairro Las Heras, a meia quadra da casa de seus avós. O revólver, calibre 32, tinha cinco balas no tambor. A notícia não teria ganhado tanta relevância, se o seu sobrenome não fosse Messi. Do melhor jogador do mundo se exige uma vida exemplar, e Matías continuou frequentando o lado mais marginal do bairro em que foi criado. Tem sete processos contra si, dois deles por agressão a mulheres. Outros por brigas de rua e acidentes de trânsito. Na sua casa chamam-no de o Rebelde. Em uma família em que todos são fanáticos por futebol e seguidores do Newell's, Matías Messi foi o primeiro dos irmãos que decidiu não ser jogador de bola. Tornou-se torcedor do Rosário Central.

Ao meu lado, Matías Messi mata o tempo em uma esquina de Las Heras. Vive de ajudar o pai a administrar a fortuna do seu irmão famoso e o bar que o Pulga comprou às margens do Rio Paraná. Toda vez que volta aqui, o 10 tenta estar com seu cúmplice e, para ele, regressar a Rosário significa, em essência, o mesmo que para qualquer imigrante: voltar para as alegrias e os problemas do passado. Porém, Matías Messi não só criou um museu com prendas do seu irmão como também é o guardião de um mundo que o Pulga não frequenta mais. E agora me observa.

— O que você está procurando? — diz para mim.

Cruza os braços e levanta o queixo. Ele usa colares prateados com diamantes de mentira.

— Eu achei que você estava roubando os meus avós.

— Falei com eles, e não me disseram que haviam sido roubados — respondo.

— Eles não percebem, mas todos os dias vêm pessoas aqui que pagam a conta com dinheiro falso.

As janelas da casa, que também funciona como padaria, estavam abertas e, por elas, se via seu avô assistindo à televisão, reclinado sobre um prato de comida. Havia cheiro de sopa e uma penumbra no ambiente. É o cenário onde o Pulga teria ficado, se não tivesse chegado ao clube que pagou seu tratamento hormonal, permitindo que ele crescesse. Quando Messi partiu pela primeira vez com destino à Espanha, Matías foi embora morar com ele e com toda sua família.

— Eu e minha irmã preferimos voltar — me diz. — Meus irmãos quiseram ficar. Eles são mais parecidos com meus pais, dão mais importância para as coisas do que eu.

Matías Messi voltou de Barcelona depois de quatro meses.

Hoje acha que cometeu um erro.

— Quando vim embora e meu irmão ficou lá, senti que o havia abandonado.

Ouve-se o latido de cachorros.

— Nunca pensei que Leo fosse chegar tão longe em tão pouco tempo — admite. — Às vezes, dizemos para minha mãe que nos pesa tê-lo deixado lá.

A voz do irmão falha.

— Tem bons sentimentos — me disse Fabián Soldini sobre ele. — Leo o adora por sua situação.

O ex-agente do 10 viveu a intimidade da família Messi nos seus primeiros cinco anos em Barcelona.

A situação à qual se refere Soldini está ligada ao comentário de algumas pessoas em Rosário.

Dizem que Matías Messi é viciado em drogas.

Os personagens públicos costumam ter irmãos difíceis. Um irmão de Bill Clinton foi incriminado por problemas com cocaína e recebeu a absolvição presidencial. O de Carlos Salinas de Gortari, ex-presidente do México, foi acusado de homicídio e detido no presídio que o seu irmão mandou construir. Um irmão de Elton John vive em um galpão abandonado. As árvores genealógicas são pródigas em escândalos, mas eles nunca superam a popularidade dos gênios da família.

Leo Messi nunca abandonou o irmão.

"Tenho muita vontade de ver meu sobrinho pequeno — diz um e-mail que Messi mandou para Soldini, quando fazia três anos que estava em Barcelona. — Nessa idade são umas figurinhas, e adoro ficar com eles."

Naquela época, seu sobrinho Tomás Messi tinha 2 anos.

Para o Pulga, a viagem à Espanha significou mais do que o início de uma carreira profissional e o custeio de seu tratamento para crescer.

— Havia muitas ilusões circulando — me disse um dia por telefone seu pai, Jorge Messi. — A ideia era ajudar Lionel e também melhorar nossa vida.

A família inteira voou para Barcelona no dia 1º de fevereiro de 2001. No aeroporto, diz Soldini, recordando-se da viagem, os pais se aproximaram de Messi e disseram que lhe seriam gratos por toda a vida: "Não por você, Leo, mas por Matías, por tê-lo tirado desse lugar".

Na incerteza de suas primeiras épocas no Barça, Lionel Messi desafiava sua família inteira a acreditar nele. Para o segundo irmão, era difícil imaginar que poderia encontrar algo melhor do que aquilo que havia deixado em Rosário. Namorava Roxana Vallejos, a vizinha do bairro que agora é sua esposa e mãe do afilhado do Pulga. Diego Vallejos, irmão de Roxana e amigo do jogador, olha para o lado quando menciono seu cunhado.

— Eu quase não converso com Matías — afirma Vallejos. — Acabo dizendo alguma coisa que não agrada a família; então, prefiro não falar nada.

Quando a polícia o detém por portar uma arma de fogo, o nome de Matías Messi saiu na manchete do jornal *La Capital* com letras garrafais. No dia seguinte, seu pai ligou para o jornalista que havia assinado a notícia e marcaram um encontro em um bar.

O pai estava muito magoado e triste — me disse em uma tarde, em Rosário, Hernán Lascano.

Foi o primeiro a publicar a vida íntima da família nas páginas do jornal mais importante da cidade. Lascano esperava que o pai de Messi estivesse com raiva, mas Jorge Messi só queria pedir-lhe um favor: que, antes de publicar qualquer outra coisa, o avisasse para poder explicar o problema de seu filho. Não queria desmentir, somente assegurar que Lascano conhecesse bem a história.

Durante uma noite, no bairro Las Heras, Matías Messi conta mais sobre o ocorrido.

— Eu estava louco — diz em voz alta. — Você fica um pouco louco porque vê ele em toda parte.

À sua esquerda, aparecem dois homens. Um é grisalho e o outro tem a cabeça raspada dos lados. Parece um *skinhead*.

— Até hoje não me acostumo — continua como se estivéssemos sozinhos. — Leo aparece na televisão, e eu não passo direto. Paro e olho. Olho para ele mil vezes.

— Você jogava futebol. Por que parou?

— Porque sou preguiçoso — diz.

O grisalho e o *skinhead* olham para Matias, de lado.

— Leo tinha que jogar às nove e meia e era o primeiro a se levantar — conta. — Ele gosta do que faz.

Antes que seus irmãos percebessem, o Pulga pisou em um campo de futebol e começou a roubar a atenção de seus pais, do bairro e também de Rosário. Diante de um irmão cuja imagem está tatuada no braço e que quer deixar de ver em todos os lugares, mas não consegue, Matías Messi ficou no lugar mais incômodo que qualquer irmão supersticioso pode imaginar. Em uma noite de inverno foi ao estádio Stamford Bridge, em Londres, para ver uma partida da Liga dos Campeões em que o Barça disputava com o Chelsea. Naquela noite, machucaram seu irmão.

— Eu me sentei em um lugar onde não me sentava nunca — diz. — Então pensei: foi por minha culpa.

Matías Messi acha que dá azar para seu irmão. Sempre se senta à direita de Rodrigo, seu irmão mais velho.

— Sempre à direita — repete.

Mas, naquela noite, o outro Messi havia se sentado à esquerda. Depois da partida, o Pulga voou para Rosário, em companhia do pai e dos irmãos, para se recuperar da lesão. Meses depois, alguém o insultou em um bar e, depois da briga, Lionel Messi virou alvo do único processo judicial que sofreu. Ao conversar comigo, Matías ainda estava convencido de que sua presença no jogo deu azar. Dois anos depois do fatídico jogo contra o Chelsea, os policiais o prenderam por andar armado com um revólver, e sua declaração ficaria registrada na ata judicial: "Matías Messi se sente culpado pelo baixo rendimento futebolístico de seu irmão e pela doença de seu pai". Jorge Messi havia se submetido a uma bateria de exames médicos diante da suspeita de ter câncer. Seu filho do meio se sentia culpado.

Agora Matías Messi deixa de se compadecer e me apresenta aos dois homens que se aproximaram. São dois vizinhos.

Nunca o vemos na televisão, nem em fotos.

— Não gosto de aparecer — me diz. — É perigoso.

— Por que é perigoso?

— Porque eles podem te raptar — acrescenta como quem repete uma obviedade. — Aqui pode acontecer qualquer coisa com você.

Meses depois dessa conversa em uma esquina de Las Heras, alguém abriria fogo contra a fachada da casa de Matías Messi. Descarregaram seis tiros. Ele declarou à imprensa que ignorava o motivo. Naquela mesma semana, seu irmão iria disputar um clássico decisivo com o Real Madri, e a imprensa especulou que o atentado havia acontecido para desconcentrar o argentino. O outro Messi, que se sente responsável pelos momentos de azar de seu irmão mais novo, teria mais uma oportunidade para se sentir culpado.

5

A última vez que Messi havia aparecido diante do público vestido de terno foi em uma viagem a Stuttgart com o Barça, em 2010, na qual desceu do avião com os cadarços dos sapatos desamarrados. Para os fotógrafos que procuram um detalhe, foi uma melodia alegre nesse filme mudo que era sua vida privada na Europa. Porém, nas geladas calçadas de Zurique em 2011, quando as câmeras de televisão e os focos se concentram nele, Messi está com os sapatos e a gravata impecáveis na entrada do Palácio de Congressos onde entregarão a Bola de Ouro. Dois anos antes, o tapete vermelho dessa cerimônia se estendia por dez metros. Dessa vez, tem o comprimento de uma piscina olímpica. Quando Johan Cruyff recebeu o mesmo reconhecimento, a repercussão midiática consistia em ocupar a capa da *France Football*, a revista que, na época, era a única organizadora desse prêmio, atualmente unificado com a FIFA. Os jogadores convidados demoram ao passar pelo tapete, enquanto os publicitários usam esses segundos de televisão para que os novos heróis do futebol brilhem em seus trajes de gala. Assim, qualquer ato público de Messi, inclusive o involuntário de aparecer com os sapatos sem amarrar, pode se converter em uma desproporcional ação de publicidade.

Messi é protagonista de um fenômeno dos tempos atuais. O que emociona promove fetiches, e sua aparência frágil aumenta sua estatura futebolística. Sobre o tapete que conduz à premiação da Bola de Ouro, os três jogadores indicados — dessa vez, Messi, Xavi e Iniesta — emitem um brilho fora de escala na grandiosidade do show. Se fossem boxeadores, pelo peso, estariam na categoria *welter*. O tamanho não importa para o melhor clube de futebol do mundo. O triângulo mais célebre do futebol atual não é equilátero. É telepático. Se fossem atletas olímpicos, Xavi, Iniesta e Messi poderiam integrar uma equipe de nado sincronizado. O jogo de Messi, quase estéril de gols em sua seleção nacional, é fértil na companhia de ambos no Barça. O escritor Fernando Iwasaki disse, certa vez, que Maradona fez o gol mais bonito da história porque não pôde passar a bola para Jorge Valdano e que essa foi a melhor metáfora do jogo em equipe. Maradona nunca patenteou seu segundo gol contra a seleção inglesa na Copa do México e, por isso, não ganha um centavo cada vez que o repetem na televisão. Valdano, por outro lado, registrou a ideia "pensar correndo" e hoje pode viver como assessor de empresas graças à sua experiência na alta competição. Maradona foi o melhor em uma única coisa: jogar com a bola (embora também fosse bom em produzir frases célebres). Valdano é bom em tudo o que faz. Sobre seu futuro, Messi diz somente que voltará a Rosário, a mesma cidade onde seu pai administra sua fortuna do décimo primeiro andar de um edifício envidraçado. Assim como Maradona, Messi não emprega esforços geniais em outra coisa que não seja jogar futebol. Porém, como Valdano, pelo menos no Barça e com a sua família, o 10 assegura seu futuro jogando em equipe.

A noite avança sob as luzes do Palácio de Congressos de Zurique. Messi joga sozinho e faz um gesto que não combina com o seu *smoking*: mostra a língua, esticando-a até o queixo. Chega novamente para zombar das estatísticas. Pelé foi o rei do futebol durante doze anos, Cruyff apoderou-se do topo durante outros cinco com a fumaça do seu cigarro, Maradona comandou mais dez anos a redondeza da Terra, Ronaldo expandiu sua potência durante uma década (embora sem muita regularidade), Ronaldinho sorriu durante quatro temporadas e Zidane foi um monarca breve, elegante e tardio no ocaso de sua carreira. Messi se levanta de sua poltrona no meio do palácio, com a parcimônia de quem não está com pressa e ainda tem tempo. As câmeras de televisão fazem um *zoom* em seu rosto. Alguns prêmios, às vezes, empalidecem os especialistas da bola. Existem prêmios que, em alguns anos, são outorgados porque não podem ficar vagos, como aqueles entregues ao inglês Michael Owen, ao checo Pavel Nedvěd ou ao italiano Favio Cannavaro, jogadores que foram extraordinários em algum momento, mas com uma carreira irregular e distante da genialidade. A estrela cadente desses jogadores só exalta ainda mais a regularidade de autênticos foras de série como Pelé, Cruyff, Maradona, Zidane e, é claro, Messi, que agora se aproxima do átrio do palácio, onde vai agradecer a Bola de Ouro. O argentino se reclina em direção ao microfone, em vez de aproximá-lo de sua boca. Depois, diria que fez isso porque suas pernas estavam tremendo. Passados alguns meses, ele seria visto, com o queixo alto e a testa franzida, tentando liderar a seleção da Argentina na Copa América, e, mais tarde, chorando ao ser eliminado nas quartas de final. Pouco tempo antes dessa derrota, esteve diante de um microfone e das câmeras de televisão para dizer algo no Camp Nou, repleto de fanáticos que haviam ido festejar a vitória do Barça na Liga dos Campeões. Finalmente, cem mil espectadores teriam suas palavras.

— Na verdade... — diria Messi —, eu não tenho nada a dizer.

Mas, ao receber a Bola de Ouro de 2011, o argentino agradece aos companheiros que o ajudaram a chegar até aqui, quer compartilhar o prêmio com eles, com sua família, com os barcelonenses, com todos os argentinos. Beija o troféu em Zurique, e os cadarços de seus sapatos permanecem amarrados. O calçado, de fabricação italiana e couro lustroso, tem a aparência e a textura de uma seda. Ainda caminha arrastando os saltos, com as pontas dos pés para fora, como se estivesse com os chinelos azuis que coloca depois dos treinos do Barça, antes de ir almoçar. Esses chinelos que lhe dão um aspecto dominical, entre desanimado e sonolento, de quem não se importa de chegar tarde. Ou de quem vai dormir.

Messi é a medida inevitável com a qual tiveram que se deparar seus irmãos, amigos, vizinhos. Nós, os humanos, necessitamos frequentemente de uma referência para ver o avanço de qualquer progresso, e o aspecto de Messi, um menino simples, com problemas de crescimento, foi para muitos uma miragem da esperança. Quando o argentino agradeceu pela televisão ao médico que indicou seu tratamento para crescer, o consultório do endocrinologista na Argentina começou a receber dezenas de ligações de pacientes que queriam aumentar seu tamanho. Seu médico, Diego Schwarzstein, teve de explicar que só poderia tratar pessoas com déficit de hormônio de crescimento e que algumas pessoas têm pouca estatura por herança genética.

— Se fosse possível fazer qualquer um crescer, eu jogaria na NBA — disse o médico, quando me atendeu em seu consultório de Rosário.

O homem que fez Messi crescer mede um metro e setenta. Um centímetro a mais que o seu paciente mais famoso.

— O que teria acontecido se Messi não tivesse tomado os hormônios?

— Seria um adulto de um metro e cinquenta.

Hoje Messi mede dezenove centímetros a mais.

Schwarzstein sorria como se lembrasse de uma travessura.

— O mais emocionante desse tratamento — disse — é que os garotos, que o fazem, veem seus companheiros crescerem, mas eles crescem mais rápido, os alcançam e os passam. Isso os deixa muito felizes. Foi o que aconteceu com Leo.

O tipo de nanismo que Messi sofreu é uma ocorrência que atinge um a cada vinte mil nascimentos. O tratamento contra o atraso no desenvolvimento da estrutura óssea permite aos pacientes um crescimento veloz quando começam a injetar hormônios sintéticos. Como diz o doutor Schwarzstein, crescer rapidamente não é somente uma experiência física, mas também emocional. Na idade em que ainda acreditamos nos desenhos animados, crescer de súbito e artificialmente é tornar real uma fantasia. O Pulga é o protagonista desta história.

Este livro foi impresso pela Prol Gráfica
em papel Polen Bold 70 g